ちくま文庫

中央線で行く東京横断ホッピーマラソン

大竹聡

筑摩書房

目次

中央線で行く東京横断ホッピーマラソン

はじめに

実にどうも、バカバカしい本であります。読んでいただく前に断っておきたいくらいバカバカしい。

世に、酒場の魅力を伝える本は数々ありますが、この本は違います。お店の造りとかつまみのお値段とか、酒場の歴史や酒のウンチクなど、およそ役に立ちそうな情報が、ほとんどない。では何が書かれているかというと、ただ、ホッピーを延々と飲むだけなんですね。東京を横断するJR中央線の全駅で降りて店を探し当て、ホッピーを延々と飲む。その模様がダラダラと描かれているわけです。

うーん、どうなんでしょうかねえ。そんなもん、本にしてもいいんですかねえ。

この本は、ミニコミ誌『酒とつまみ』の創刊号から第4号まで連載した「中央線で行く東京横断ホッピーマラソン」の原稿に加筆修正したものです。思えば、創刊号の発刊が2002年の10月のこと。それに先立って、ホッピー飲み歩きの取材を始めたのがその年の5月。そして、連載企画が大団円を迎えましたのが2004年の1月、第4号の刊行時ということになります。ホッピーを飲み歩いて中央線全駅を制覇し、それが『酒とつまみ』第4号誌上にて結末を迎えるまでに、実に1年半以上もの時間が経過しました。

お店についての予備知識もほとんどなく、ただ、ホッピーを飲める店がありそうな飲み屋街、路地裏などをさまよい歩くのは、まさしく酔狂です。けれど、この酔狂、やってみたらことのほか楽しかった。その楽しさを読者の皆様にもお分けできればと思います。飲み過ぎシーンもたびたび出てきますので、そこのところはどうかご容赦のほどを。

単行本化にあたり、中央線の終点である高尾駅から京王線で逆走する「帰ってくるホッピーマラソン」もボーナストラックとしてドカンと掲載しております。

くだらねえお話ばかりですが、どうぞ最後までお付き合いのほどを願います。

えーっと、ここまでが単行本の「はじめに」でありまして、今回の文庫化にあたって第3部、もっと帰ってくる京王線バージョンを追加いたしました。どうか、本当に、最後までお付き合いのほどを、いや、吐き気がしたらご無理なさらずに、願い上げます。

第1部

中央線で行く
東京横断
ホッピーマラソン

JR中央線32駅

東京
神田
御茶ノ水
水道橋
飯田橋
市ケ谷
四ツ谷
信濃町
千駄ケ谷
代々木
新宿
大久保
東中野
中野
高円寺
阿佐ケ谷

荻窪
西荻窪
吉祥寺
三鷹
武蔵境
東小金井
武蔵小金井
国分寺
西国分寺
国立
立川
日野
豊田
八王子
西八王子
高尾

第1区

灼熱の東京～新宿編

ホッピーマラソンとはどんなマラソンか

いきなりですが、ホッピーって知ってます？　もつ焼き屋とか一杯飲み屋みたいな、なんというか、大衆的な酒場がお好きな方ならもちろんご存知でしょう。何を言うかワシャ毎晩飲んでおるわい！　という方も中にはおありでしょう。そう、焼酎を割るビールみたいなアレ、でございます。アレは不思議ですねえ、アレだけをそのまま飲んでる人をお見かけしたことがない。たいていは大きめのグラスかジョッキに焼酎を入れて、その上にホッピーを注いで飲む。で、そのできあがった飲み物を飲み屋さんでは通常ホッピーと呼び習わしているんですね。だからホッピーというと、焼酎が入ってる、しかもたっぷり入ってる飲み物を思い浮かべる人がいらっしゃる。

「ホッピーでひでえメにあったんだ」

なんてね。ホッピーだけ飲んでひどく酔っ払うことはないはずなのにヘンな話なんでございます。アタシたち『酒とつまみ』編集部がこの不思議な飲み物であるホッピーに注目したのは、当然のことながら、それまでにも、このホッピーなる不思議な飲み物をときにがぶ飲みしまして、前後不覚、階段落ち寸前なんてことを繰り返してきたからなんでしょう。だからこそ、一杯飲み屋でレモンハイをがぶ飲みしつつ、メモ帳片手に創刊号に掲載する企画を練っていたとき、誰が言ったか、ホッピーマラソンという言葉が降ってわいたんでしょうねえ。

ねえ、ホッピーマラソン——。いい響きだねえ。ゴロがいいよ。ホッピーを飲ませる店の風情ってものも、なかなかのものじゃないの。うん、シブイ。その企画、オレがやらせてもらうよ。と、安請け合いしたのがこのアタシ。後先をまったく考えない行き当たりばったり、その場のノリだけで話は決まったのでした。

とまあ、こういう具合にホッピーをネタにしよう、ということになりまして、しかもホッピーマラソンというタイトルだけが先に決まった。ホッピーを飲んでからマラソンするってワケじゃないんですよ。死にますからね。イメージとしてはとにかくひたすら、延々と、ホッピーを飲む。そんなところなんですが、マラソンと名づけるからには「どこどこ一周」とか「どこどこ横断」とか、そんなのがいいだろうと。それで東京横断。東京横断なら中央線だ、ついては全部の駅で下車してホッピーを飲める店で飲め、てなことになりました。

いいねえ、楽しそうだねえ、なんて最初は気楽に考えていたんです。でもね、駅の数を数えて怯《ひる》みましたね。中央線は結構長いんです。

東京から高尾までに何駅あるか。分かります？　全部で32駅ですよ。32の駅がある。その各駅でホッピーを飲もうという、こういうことなんですが、これはね、恐ろしいことなんですよ。ひとつの店で3杯ずつホッピーを飲んだとして高尾までで96杯。500mlのジョッキで換算するとざっと48リットルのホッピーを飲むことになる。それだって3杯で済めば、の話です。平均5杯飲んだらどうなるか。32×5は160。160杯。500mlのジョッキが160個並んでるところ想像してくださいよ。80リットルになるんです。ホッピーの海ですよ！　そんなに飲めません。馬じゃないんですから。

とはいっても、一度引き受けてしまったからには仕方がない。いまさら後には引けない。どうせ、マラソンしてなくたってどこかの店でなんらかのお酒をいただいている毎日のことです。それをホッピーに切り替えるということで、スタートを切った次第です。

名門・加賀屋さんにホッピーを教わる〔東京〕

ホッピーといえば、加賀屋。都内の居酒屋に詳しい人ならご納得いただけるでしょうか。チェーン店で、どこでもホッピー置いてますからね。それで、記念すべきホッピーマラソンのスタートには、**東京駅八重洲口から歩いて2分ほどのところにある「加賀屋東京駅前店」**を選びました。

時は2002年の5月のことです。午後8時半。店内は相当なにぎわいです。店の入り口から見て、横向きに長いテーブルが何列か並べられ、向かって右側にカウンター、奥はどうやらお座敷になっているようです。

店内にはタバコの煙と、アルコールの霧みたいなものがかかっているようで、相当な迫力があります。それもそのはず、ざっと数えて、100人ほどの男女がゴクゴク飲んでいるんです。

「飲み物は何にしましょう!」

あんまり威勢がいいもんで、こっちも釣られて「ホッピーッ」なんて大声出しましてね。スタートですからばっちり飲もうと。そうしたら、出てきました。ジョッキにたっぷりの焼酎、その横に、あのなんとも風情のあるホッピーのボトルです。

ああ、言い忘れてましたけどね、この日は『酒とつまみ』のカメラマンであるSさんに編集者のWクン、さらにはフリーライターのH女史が同行、いやマラソンですから伴走してくれたんですよ。H女史、

「わたし長距離は得意なんですよ」

なんか言って盛りあがってます。走るのは私だって!

それでまあ、4人で乾杯。

「ウェーッス!」

なんだかよく分からない掛け声でホッピーのグラスに口をつけた。つまみは、ガツの中華風、ジャガイモ、トビウオ、小アジの唐揚げ。どれもうまいですよ。隣のテーブルでしっぽり飲んでる男女が湯気の立つ煮魚をつついていたのでそれも注文したかったんですが、すでに品切れという。残念でしたが、また来ればいいということで気を取り直し、つまみに箸を伸ばしつつ、1杯目のホッピーをクイクイと喉に流し込む。最初から入っている焼酎の量が結構ありますから、ホッピーを注《つ》ぎ足して薄めにしながら飲む手もあります。一方で、濃いままでグングン飲んでしまうというのもうまいし、酔いが速くて手間がない。つまり自分で調整しながら飲むわけで、飲み方、お代わりのタイミングもそれぞれになる。

「スイマセーン!」

ホッピーを注ぎ足して生ビール風にグビグビ飲んでたSさんが追加注文。

「ホッピーください」

すると店員さん、

「セット? 中身?」

とおっしゃる。Sさん、いやあの、割るほうのホッピーだけを、などとモゾモゾ言っていると、

「外側ね、はいよ。あれえ! 外ならここにあるじゃないの」

と店員さん。濃いめで飲んでるH女史（この人は酒豪だよ、サスガだね）のボトルを持って言う。

「これ1本だって300円からするんだよ。残ってんだからコレ入れなよ。300円ありゃ宝くじで大儲けだ！」

と言って去って行ってしまった。すごいですねどうも。それで我ら4人は外側のホッピーを分けあって、ジョッキもボトルも空になったところで、

「セット4つ！」

これで万全。先ほどの店員さん、お前たち、少しは分かってきたかとばかりに、にこやかに近づいてきて、

「ヘイ、セット4丁！」

とテーブルに置き、

「ホッピーでハッピーッ、がはははは！」

とカカ大笑した。なんとも愉快な店なのでありました。すっかり調子が出た一行は、その後も「中身ィーッ」「外！」「セット！」と注文を連発。気がつけば大方のお客さんは去り、店員さんたちは店の隅のほうで着替えてます。閉店ですよ、閉店。まさにスタートダッシュですが、マラソンでハナっからダッシュする選手もどうかと思います。さて、どうなることやら……。

東京：加賀屋東京駅前店
中央区八重洲2〜3〜7　斉原ビル1階　03・3275・3763
16：30〜23：00　日祝休

ホッピーのつまみ、モツ焼きに限らず〔神田〕

あくまで個人的な意見ですが、ホッピーというとモクモクとした煙、つまりはモツ焼き屋や焼鳥屋を思い浮かべますね。ところがそうとばかりも言えないんです。東京駅でしこたま飲んで見事に二日酔いした翌日は、夕方早くから次なる駅の神田を目指したわけですが、ここで見つけた店は、モクモクじゃなかった。

神田駅南口を出て細い路地に入る。このあたりほとんど勘で動くんですが、なんのことはない、路地を見ると自然に足が向く。そういう具合で進んで行くと、ありましたね、ホッピーの幟《のぼり》です。店の名前は「釣吉」。

この日はひとりでしたから、こぢんまりとした店のカウンターの一番奥に陣取ってさっそくホッピーを注文しました。カウンターの上にはキンピラゴボウ、イカ大根、ホウレンソウなどが大皿に盛ってあって、壁の品書きにはカレイの煮つけなんて書いてある。なんかこう、つまみに自信ありという雰囲気ですよ。うん、ウキウキしてきますね。どうやら海のものも充実しているようです。で、あれこれ考えたんですが、アジのタタキを頼みました。好物なんです。それを肴にホッピーを飲もうというわけです。

好物はいろんなところで注文しますから、自然と味の違いが分かるようになる。それにね、うまいアジのタタキを食わせる店というのはまずネタが新鮮だし、仕事も丁寧です。それで、アジを頼みました。

うまかったです。ミもフタもないですね。でも、うまかった。ホッピーとタタキが合うかって？　やってみてください。もうご機嫌ですよ。そしてふと見ると、焼酎のボトルがずらりと並んでいるではありませんか。

「大将、ずいぶん焼酎がありますね」

するとダンナさんニコッと笑って、

「鹿児島でも手に入りにくくなっている焼酎が多いんですけど、ウチは置いてますよ」

森伊蔵、伊佐美、魔王など、以前鹿児島にお邪魔したとき地元の飲み屋で教えられた、なかなか手に入らない本格焼酎がずらりと並んでる。そこで何をしたか。そうです、ホッピーはしばらくお休み、これらの焼酎をロックでいただくことにしたわけです。すみませんね。でも、うまかった。おまけにダンナさん、これらの焼酎のグラス

の横に、

「喜界島の黒糖焼酎です、試してみてください」

なんて、細いグラスに「朝日」なる焼酎を注いでくださったりする。これ、サービスみたいなんです。サービスだと思うと余計にうまい。そんなこんなで、お休みにしたホッピーのボトルはそのままに、次々に本格焼酎のロックを試していくわけですが、そう、当然ですけどすぐに酔っ払ってしまった。プリプリとした新鮮なアジのタタキの皿が空になるころにはいい心持ち、別に頼んだ2本の串ものを食べ終わるころには、もう十分という状態になってしまいました。

もともと大して飲めないし、飲めば食べるほうでもないので、とりあえずはここいらが1軒目の限界。ダンナさんの息子さん、この人が非常に酒に詳しい好青年なんでありますが、彼ともっと喋っていたいのに早くも呂律が怪しくなってきた。酔って要らぬこと言うのも憚《はばか》られ（まだちゃんとしてる証拠）、日が落ちて間もなく、初夏のことで、外はまだ少し暑いわけですが、次の目的地、御茶ノ水を目指すことにしたわけです。

神田：釣吉
千代田区鍛冶町1〜7〜1　03・3251・6063
17：00〜0：00（金曜17：00〜翌2：00）　土日祝休

ひと口で口の中が熱くなるホッピー〈御茶ノ水〉

御茶ノ水駅を降りたらなんとなく駿河台下へ向かって歩いていました。これは癖ですね。ちょっとばかり酔いをさましたいという思いもあった。それで三省堂の脇のすずらん通りをブラブラと歩いていくと、そこで見つけたのがホッピーはホッピーでも「チリホッピー」というひと言。なんでしょうかコレ。さっそく店に入って注文しました。お店の名前は、**「はるだんじ　すずらん通り店」**です。

ひと口啜《すす》ってみて驚きましたね。本当に口の中が熱くなる。予想通りのチリなんですが、もうひと口啜るとさらに熱くなる。飲みに来ているのに水が欲しい、そんな感じですよ。聞きましたらね、ベースの焼酎にトウガラシを漬け込んだものを使用しているとのこと。爽やかです。でも辛い。熱い。

「お代わりちょうだい！」

「チリホッピーで？」

「いや、普通のホッピーで」

なんてやり取りをして、それでも火照《ほて》るようなあの感覚もまた飲み疲れた飲兵衛には絶妙に合うようで、3杯目にまたチリホッピーを頼むことになる。そうするとまた辛いので4杯目は普通のホッピーにして。キリがないですよ。この店でまたまた結構飲んじゃって、べろべろに近い状態。

ちなみにこの店、浅草の神谷バーで有名な電気ブランのソーダ割りとか、何が入っているかちゃんと確認しませんでしたけど「デンジャラス・サワー」という危険な名の飲み物なども供しております。店内のにぎにぎしさも楽しい、おもしろいお店でございました。

御茶ノ水：はるだんじ すずらん通り店
千代田区神田神保町1〜11〜6 03・3291・8588
11：30〜15：00（14：30L.O.）、17：00〜24：00（23：00L.O.）、金曜夜は17：00〜翌1：00（24：00L.O.）日曜休

居心地いいけど掲載はしないで〔水道橋〕

ところでこんな調子で書いていると、いくらページがあっても足りない。それで端折《はしょ》るわけではないのですが、次の水道橋、実はいい店見つけたんです。小ぶりだけど、焼鳥、枝豆、冷奴なんか地味なつまみがうまくてね。ところがこの店、雑誌に店のこと書きたいと言うと、お断りすると。それでね、ええ、端折ってしまうんですが、実に居心地のいい店で、つい長居しましたよ。ホッピーばかり飲んでたんですけどね、中身のお代わりを5回はした。結局はそのまま沈没。飯田橋駅界隈を歩いたのは、後日の宵の口です。

野球小僧時代を思い出す〔飯田橋〕

飯田橋の南口方面、住所でいうと千代田区富士見2丁目に**「ひよこ家」**という鳥料理の店があります。ふらふら歩いていて発見しました。これまでの店同様初めて行く店です。ホッピー（内）250円、（外）250円、（セット）450円。実に分かりやすい。お通しはこの日、キャベツの塩漬けでしたが、これがいい具合。レバー、軟骨、皮を注文すると、レバーだけタレであとの2本は何も言わないのに塩で出てきました。好みに合いますね。非常に嬉しい。

カウンターの中で調理を担当するダンナさん、お客の相手をしてくれるオカミさん、ふたりともいい雰囲気。テレビのプロ野球中継を見ながらごくごく自然に会話が始まります。聞けば、夜は店で日本のプロ野球を見て、午前中はメジャーリーグの放送も欠かさずチェックしているというんです。巨人の阿部（捕手）は大学どこだっけ、なんて聞くと、

「中央ですよ。全日本の代表にもなった」

なんて間髪入れずに返ってくる。

私事ですが、ガキのころ、野球に夢中でした。見るほうでは長嶋の現役の最後のころを後楽園球場で見ましたし、やるほうでも軟式ですが、結構いい線行ってたんです。そんな話をすると、どうやらダンナさんもそんな感じでね、ヤクルトはなんで強いのかねえ、なんて水を向けると、

「少年野球もプロ野球も、大事なのは守備ですよ」

こうなると、こっちも弱い。野球は守備だ。なんかね、ちょっといいじゃないですか。中身のお代わり二度、三度、ホッピーのボトルを傾けながらの野球談義です。いや、楽しいですね。ワールドカップ（2002年のです）もよかったけど、今のプロ野球もいいけど、やっぱ守備だよ、少年野球だよなんて話、泣けてきます。それとね、ここは飲まない人も来てましたよ。その人の前には、焼鳥のセットにご飯、お漬物、そして、実にうまそうなスープが出てた。アレ、鶏ガラでしょうかね、飲んだ後にもいいでしょうね。今度行ったときに頼みたいですね。

飯田橋：ひよこ家

千代田区富士見2—6—10　三共富士見ビル2階　03・3234・3200

17：00〜24：00（23：30L.O.）日祝休

三児の父は昔の店で酔い痴れる〔市ケ谷〕

さてさて、東京から飯田橋まで、のべ4日間で5つの駅周辺を飲んで参りました。全32駅からしたらまだ7分の1強ですが、ずいぶん走ってきたような感じです。初日の東京、2日目の神田・御茶ノ水、そして3日目の水道橋、4日目の飯田橋と数えてくると、1日平均で5杯近くをやはり飲んでいることになる。しかし、1軒で5杯かというと、実はそこまでは飲んでない。これくらいでヘコタレてはいけないと思いましたね。

でも、飲み疲れは結構来てるンですね。どの店に入っても、最初から最後までホッピー。生ビールも飲まなければ、大好きなレモンサワーも頼まない。まあね、神田では早くも本格焼酎なんか飲んじまったわけなんですけれども、それもあって連日連夜の酩酊、深夜帰宅、二日酔いです。

実はアタシ、三児の父です。日本橋馬喰町《ばくろちょう》から両国界隈で結成している「三児の父の会」（構成員3名）の事務局長も兼任してる。それはまあどうでもいいのですが、子供はまだ小さいんです。アタシが理由もわからぬ連夜のホッピー飲みで体を壊すようなことがあってもいいのだろうか……。ある日の夕方、電車が**市ケ谷**駅に入ったとき、釣堀で日がな一日遊んでたであろう人々を見下《みお》ろしながら、ふと弱気になりましたね。

「おとうちゃん、もうホッピー飲まないで」

年端もいかぬ娘の哀願の叫びを耳にしたようにも思いました。しかし娘よ。父は行かねばならぬ。中央線の沿線に、ホッピーという飲み物がある限り。

ということで訪ねたのが、外堀通り、市谷田町交差点を牛込方面へ向かってすぐのビルの地下にある、「三晴」というお店でございます。地下1階に数軒の飲食店や雀荘があり、便所は共同という、いい感じの一画です。

実はこのお店、前にも来たことがあるんです。というより毎晩来ていた時期がある。若いころ、アタシ、求人広告の営業マンをしていました。飛び込み営業もずいぶんやりました。そんな時期、会社の近くにあったこの店に、上司や同僚、後輩たちと足繁く通ったんです。寒い季節の豆腐のチゲ鍋とか、大島のアシタバの天ぷらとかを頼みながら飲みましたね。飲んで飲んで、楽しいだけの晩もあれば、大喧嘩になりかねないような晩もありました。そんなとき、ここの気合の入った大将が我らのテーブルにやってきて、

「オウッ、腕相撲やろうや」

って、仲間の中でいちばん腕っ節の強そうなヤツに腕を差し出す。絶妙のケンカ予

防措置でしたね。何しろ、20代だった我々より当時は40代だったであろう大将のほうが、よほど強そうに見えたからです。

そんな「三晴」に行きました。もちろんホッピーがあります。鶏の正肉、軟骨、山イモの磯辺巻、それからアシタバの天ぷらなんかを頼んで飲みます。懐かしい。大将、アタシの顔を覚えていてくださって、

「あれえ、久しぶりだよねえ。太ったねえ（ほっといてくれよ）、ええと、オーミネさん？」

オータケです。ちなみにこの店に通ってた先輩は、コミネさんと申しましたよ。

「会社はどうしたの？」

「あれから辞めて」

「いまはどこに？」

「フリーで雑誌の記事書いてます」

「自営業？」

「小さな事務所にして。形ばかり」

ってな会話をしていると、カウンターの隅にいたふたり連れのサラリーマン風のオジさんのひとりが、

「それじゃあ、起業家だね？」

かなんか言う。いやいや個人商店で、従業員だっていやしない、と言いかける間もなく、

「あっちの人だ、あのお〜、ナスダック！」

違うっちゅうに。でもいいんですよ。こういう飲兵衛は。笑顔から人柄が伝わってくる。話もおもしろいよ。話しかけてきたオジさん、もう勘定は済んでるからすぐに帰るよと言いながら、ぜんぜん帰らない。隣のもうひとりのオジさんもそんな感じで、いつしか説教モードに入ってましたね。

「いいかあ、資格なんか簡単だよ。早く取っちまえよ。勉強なんか教科書通りでいいんだ。昔さあ、パスカルの定理とか習ったろ？　あれと同じ。パスカルを丸暗記してさあ……」

アタシに話しかけてきたオジさん、うな垂れて聞いているから、よほど身に堪えているのかと思いきや、

「ミリバールってのは、いつからヘクトパスカルになったの？」

だって。なんも聞いてない。ちょうど台風が話題のころだったので、こんな返答になったんでしょうね。これじゃ説教するほうも、やりがいがないだろうって思いましたけど、なんのことはない、ふたりで大笑いしてましたね。アタシも笑いました。ナスダックのほうの人なら、こういうとき、笑うんですかね。

市ケ谷：三晴
新宿区市谷田町2〜37　地下1階　03・3268・6207
17：00〜24：00　日祝休

危険な10杯の後で、鶏飯《けいはん》を掻き込んで〔四ツ谷〕

まあともかく、10年ぶりの店で調子が出たので、そのまま**四ツ谷**へ向かいました。「しんみち通り」に狙いをつけて行くと、ホッピー、ありましたよ、やっぱり。「RYOMA」という店。ちょっと驚いたのはキビナゴ、それから鶏飯《けいはん》なんかがあること。いずれも鹿児島県で食べたもの、後のほうは特に、奄美大島で一度だけ食べたことがある一品ですよ。嬉しくなって、東京駅で伴走してくれたWクンとSさんを呼び出しちゃった。キビナゴ焼きとか串ものをつまみながら中身の連続お代わり。締めに、ご飯の上に細切りの鶏肉や薬味を載せて、その上から鶏ガラスープを茶漬け風にかける鶏飯を掻き込んで。

この晩は市ケ谷、四ツ谷で、ホッピー10杯見当ですね。正真正銘のベロベロです。三児の父にとって10杯はやはり、少しばかり危険です。お勧めいたしません！

四ツ谷：Ｒｙｏｍａ

新宿区四谷1〜7〜27 第43東京ビル1階 03・3356・2506
11：30〜23：30（14：00から飲める）お盆の3日間と12月31日〜1月3日休

信濃町、千駄ケ谷でホッピーは飲めるのか

ところで、今年の夏、暑かったですよねえ。本当に暑かった。ある日の昼下がり、街を歩く営業マンの方々の顔を観察してましたらね、20分くらい見ていた間に通りかかった営業マン全員が、口を半開きにしている日がありましたよ。それくらい暑かった。

で、暑い時期の二日酔いというと、これは結構キツイですね。寝てられない。メシが食えない。水飲めば汗が出るだけ。ビール飲めば元の木阿弥……。ね、辛《つら》いですよ。そんな時期にホッピーマラソンです。5月の末に始めたマラソンは、途中少しばかりの休憩を挟みまして、再開したのが盛夏のころ。暑くて暑くて、もうちょっとね、中央線全駅だと？　バカを言うんじゃねえよと、悪態のひとつもつきたくなる。だいたいいね。ホッピーだけじゃもたないよ、生ビールが飲みたい、レモンサワーが飲みたい、そういう気になる。

「ああ、なんで中央線全駅にしちゃったんだろ、浅草界隈ホッピー探訪かなんかにし

ときゃ、4、5軒回ってサクっと終わったのに」

って、このころは毎朝、後悔してました。ちょっとしたウツ症状ですよ。ウツになったのは、もうひとつ理由がある。それは、次に行く信濃町、千駄ケ谷界隈に、まったく自信がなかったからなんですよ。なんか、お店ありそうな気がしない。でも行かなくちゃって、エライね。それで行きましたよ信濃町。そして見つけました、ホッピーの飲める店。でもここも店の名前を出すの、控えますね。断られたんじゃないんです、自己紹介もしてませんから。そうじゃなくて、たまたまその晩の巡り合わせがどうもうまくなくって、アタシ黒ホッピー2杯で早々に引きあげちゃったんですよ。

なんで引きあげたか。巡り合わせですよ。ホッピーの文字を見つけてひとりで店に入った直後、団体さんが入店なさった。13人。男女半々。年齢は40代か。何かの会の2次会でしょうか、ご婦人方の頬が薄く染まってる。物腰が粘っこい。非日常ですね。男性陣みなさんお疲れ気味なんですが、ご婦人方、嬌声を発します。耳をツンザく嬌声です。これには参りましたね。

そういう団体さんがいると、他のお客さんの声も必然的に大きくなる。大声、いや怒鳴り声って感じですよ。わあわあと、何を話しているのかまったく分からない。団体さんが来る前から酔っ払って大声出していた人もいるわけで、それが怒鳴り声になって、額の血管が浮き出してくる。見れば別のテーブルで、相当に聞こし召している男女ふたり連れが、回らない呂律でわあわあ言ってる。他人が酔っ払っているのを見るのは、なんかこう、こっ恥《ぱ》ずかしい感じですが、ちょうどアタシと顔を向き合わせる格好で座っている男のほうが、よっこらしょっとトイレに立ったんですよ。

と、その途端。走ってくる人を正面から撮影したビデオを逆回しにするとこんな感じでしょうか、男はトイレへ向かおうとしつつトイレとは逆方向へ後ろ走りをし、そのまま腹を上にしてコケましたよ。

幸い、ケガはなかったようです。トイレへ向かうその男性は、失礼しました、かなんか言ってアタシのテーブルの横をトイレへ向かいました。目が合っちゃ吹き出しちまう。笑うに笑えず、お勘定しましたね。

教えたかないけど千駄ケ谷

そのまま徒歩で向かったのが**千駄ケ谷**です。ひとまず駅へ出る。なんにもない。高速道路の高架下を代々木方面へ歩きますが、ホッピーが見当たらない。気を取り直して駅へ取って返し、駅を背にして進みます。10分までかからなかったですかね。

ふと見ると、交差点を右へ曲がったところに赤提灯《あかちょうちん》を点《とも》した一軒家がある。古い。これはいい。ホッピーはあるのかな、常連ばっかりで冷たい店だったらどうしよう、などと思いながら戸を引きました。

「やまもとや」。いい店でしたね。座ってすぐファンになった。もつ焼きの店です。タンとツクネを塩で３本ずつ、そしてホッピーを頼みます。ご夫婦でやっている店。ダンナさんは、壁に貼ってある釣行《ちょうこう》の写真を見るに、釣り好きと分かりますよ。釣り好きの人っていいですよね。釣りの話になると子供みたいになっちゃう。飲みながらの釣り談義ってのも、本当に楽しいもんでしょ。

奥さんも優しい人でしたね。ひとり客であるアタシを気にしてか話しかけてくれました。

「ウチの塩はね。お父さんが工夫している塩なんですよ」

うん、確かにね、これはうまいです。単なる塩じゃない。何が違うか分かんないんですが。ホッピーもね、冷えたジョッキに氷はなし。焼酎の冷えているところへホッピーを注いでぐぐぐーと飲む。いいねえ。氷がないってことはそれだけ濃い１杯になってるわけですが、それがかえって嬉しい。煮込みもまた、絶品でした。

このお店、東京オリンピックの年に開店したとのこと、当時はシロモツ１本が５円だったといいます。歴史ですね。そのころからホッピーひと筋。今も、生ビールを置いてない。いいですねえ。実はあまり人に教えたくなかった。個人的に何度も通って、さらに仲良くなりたいですからね。ああ、でも、もう教えちゃいましたね。いつか店でお会いしたら仲良く飲みましょうや。

千駄ケ谷：やまもとや
渋谷区千駄ケ谷3〜32〜7　03・3404・0450
17：00〜21：00　土日祝休

代々木から新宿へ……もう、飲めません！

さて、ホッピーマラソンも都合7日目に突入です。もうゼーゼーです。息は完全に上がってる。暑さのせいもあって、朝飯だって卵かけご飯くらいしか喉を通らない。外へ出ればホッピーの汗が出てる。そんな具合ですよ。予備校のある若い人の町。はたしでも行くんです。千駄ケ谷の次は**代々木**ですよ。予備校のある若い人の町。はたして、ホッピーが飲める店はあるのでしょうか。あるんですよ。実は、あのあたりかなという見当はつけてました。予備校側の改札を出て新宿方面へ回り込んでいくと右側に古びた雑居ビルがある。１階に立ち食い蕎麦《そば》屋や渋い中華屋さんなんかが入っているんですが、その奥に、ぼわっと提灯の光が見えます。**「とり芳」**と書いてあって、窓から焼鳥を焼いているのか、煙が流れ出ています。

ここ、やはりホッピー置いてました。千駄ケ谷のお店にも負けないような伝統を感じさせる店です。店内はカウンターだけ。壁には油や煙がこびりついて、黒光りしている。カウンターは、Zという字の鋭角を鈍角にしたような、つまりZを上下から少し引っ張って伸ばしたような、そんな感じです。

常連さんと思われる人たちが寛《くつろ》いでます。驚いたのは男女のふたり連れもいれば若い女性のひとり客もいること。なんで驚いたかって、そう、この店ね、言ってみれば、そうきれいではないんですよ。アタシはこういう店大好きですけど、妙齢の女性にはどうかと、まあ他人事《ひとごと》ながら心配するわけです。ところがそんな心配は無用なんですね。実際にね、きれいどころがひとりで渋く飲んでましたからね。いいもんですよ。エアコンもなくて暑いんですけどね、いい感じなんです。

「ホッピーください」

「氷、入れます？」

「入れないで」

はいよ、って冷えたジョッキに冷えた焼酎と冷えたホッピーを注ぐ。うれしいねえ、氷なし。これ、ある人に聞いたんですけどね、氷を入れないというの、ホッピーのおいしい飲み方らしいんです。氷が入ってたほうが、飲んでる間ずっと冷たいという利点もあるが、氷を入れるとどうしても風味が損なわれるという。

なるほどそんな感じがしますよ。このほうがホッピーそのものの味わいがよく出てる。千駄ケ谷に続いて代々木でも、まさに正統派のホッピーに遭遇したということですね。

ただね、困るのは氷なしのホッピーは早く飲んじまわないと暑い季節にはすぐ温《ぬる》くなっちまう。それでちょっと急いで飲む。スパートするわけですね。すると汗が出て、お代わりということになる。そしてまたちょっとだけ急いで飲む。これを何回かやるというと、ペースを速めた分、酔いも早くやってくるわけです。酔いましたね。見事に酔っ払った。

代々木：とり芳　閉店

たどり着いたらすでに泥酔

新宿まで歩きました。目指すは西口のやきとり横丁、「鳥園《とりえん》」という店です。ご存知の方も多いでしょうが、新宿はここと決めてました。

初めて来たのは20年以上前、それから何度か来ているのですが、いつも変わらない。落ち着いている。チェーンの居酒屋だとこうはいかない、そういう雰囲気がある。

焼鳥専門みたいな店名ですが、串焼きだけでなく、海の幸なんかもうまいですね。枝豆でホッピー。その後、ホッピーのお代わりをして今度は串カツを注文。ふた串ついてきます。これはボリュームもあってお勧めですね。ホッピーが進みますよ。調子に乗ってまたお代わりという運びになりました。

でもね、さすがに飲み過ぎですよ。ホッピーをいったい何杯飲んだんでしょうか。東京から新宿までの11駅。２杯で失礼した店もありますが、中身ばかり連続お代わりした店も何軒かある。ベースとなる焼酎の量から推測すると、そうですね、やはり１軒５杯のホッピーということになるでしょうか。１杯５００ml換算とすると……、そうです。32駅で80リットルのペースですよ。

そんなこと考えてたら、急激に酔いがぶり返してきた。頭ン中ボーッとしちゃって、もう、いけません。オータケは、もう、飲めません……。

新宿：鳥園
新宿区西新宿1〜2〜4　03・3342・2002
12：00〜23：40　定休日なし

（以下次号）

第2区

涙と悪寒の大久保〜吉祥寺編

真冬のホッピーマラソンなんてイヤだ！

えー、ホッピーマラソンです。駅伝風に言えば第2区です。続きがあるとは思いませんでしたね。創刊号では冗談のつもりで「以下次号」なんて書いたんですが、実はあれはあれで、ひとまず終わったもんだとばかり思ってた。ところが我らが編集のWクン、昨年（2002年）の暮れも間近のある晩、にじり寄ってきていわく、

「マラソンの続きはどうなっておるのですか！」

参りましたね。真冬ですよ。ホッピーてのは焼酎を割るビールみたいなナニですけれども、喉越しの爽やかさが売りのひとつです。器だってジョッキみたいにでかい。凍らせたジョッキをそのまま使ってるお店も多い。つまりね、ガブガブ飲むもんなんですよアタシにとっちゃあ。それをね、汗も出ない真冬に、しかもマラソンしろとは……。


う~ん、行きたくない。

ハナっから愚痴ってますが。実は前号をお読みいただいた方々からもけっこうキビシイご忠告をいただきましてね。体に気をつけるんだよ、なんて言ってくれる心優しき正真正銘の大酒飲みもいらっしゃいましたが、中には、

「中央線全駅とか言っておきながら新宿までたあどーゆーことよ」

と恫喝《どうかつ》する人もいたし、

「1回で高尾まで走るとばかり思ってたぜ」

と、これは挑発。やめてほしい。挙句には、

「お前さん、中央線の終点は高尾と思うなよ」

なんて、叱咤激励だかイジメだか分からないアドバイスをくださる方もいたりしましてね。泣けてきました。

じゃあ、なんですか？　高尾から立川に戻って、青梅線で奥多摩を目指せとおっしゃるのですか。それとも、山梨、長野への遥かなるホッピー旅に出でよとでも言うのでしょうか。あれは中央線でなくて青梅線であり、中央本線というのではありませんか？　ああ、行きたくない。

それにね、このマラソンはそもそもキツイんです。延々とホッピーを飲むという荒行を中央線の東京駅から高尾駅までやろうという企画。ホッピーをひたすら飲むからホッピーマラソンなんですが、これがキツイ。何しろホッピーしか飲まない。ホッピーを置いている店というのはシブくてつまみに煩《うるさ》いお客も黙らせるような腕達者なところがある。だからお店はいい。そこで飲むのも大賛成。

ただ、ホッピーだけを飲むってのがどうにもキツイ。やはり他にも何か飲みたくな

るもんでしょ。そりゃそうなんだ。夏なら生ビール、冬なら熱燗、なんだっていい、他のものが飲みたくなる。これは第1区の灼熱編で骨身に染みたことでございます。そしてみなさん！　このホッピーだけってところを乗り切れるか否かにこそ、この企画の真骨頂があると言っても過言ではないのであります！

なんか演説してますけどね。はいはい。行きますよ。行きます。まずは、大久保でございます。

老舗に集う男はシブイ!!〔大久保〕

ＪＲ大久保駅南口の改札を出て右へ向かい、道に出てすぐまた右へ入るとシブイ店がございます。その名を「吾作」という。第2区の最初にふさわしい、酒場としての正しさを窺わせる店構えです。店内はカウンターだけ。その端っこに座ってさっそくホッピーを注文。つまみにはホウレンソウのおひたしにタン、ツクネの塩焼きを2本ずつ。

オカミさんに聞いたところでは、店は開業からすでに27年。営業時間は午後5時から翌午前3時。客の入りのピークはひと晩に3回もあっていつもにぎわっていますから、タイミングを外すと何回覗いても座れないことがあるとか。間が悪いと言ったらそれまでですが、アタシは幸い座れました。

　ホッピーを飲み歩いているんですよ、なんて声をかけましたら、カウンター席にいたダンナさんが話に入ってきた。

「ホッピーというと、昔は金がないから飲んだもんだよな」

　昔っていつごろかと思っていましたら、問わず語り、年代まではっきりしませんでしたが、高校を出て上京し、就職したばかりのころとのことです。手っ取り早く酔えてしかも安い。だからホッピーをよく飲んだんだなと。いいお話ですね。ふと見ると、そのダンナさん、今もホッピーを飲んでいらっしゃる。

「酎ハイもレモンサワーもいいけどな。値段もホッピーと変わらないし。でもなオレはやっぱりホッピーだな。だって、うまいだろ」

　打たれましたね。店もシブけりゃお客さんもシブイ。実直な男が地道に働き、疲れを癒しに来た酒場のカウンターでひとりホッピーを飲む。シブイ。不器用っすから、なんてひと言が似合いますよ。

　アタシはね、こういう大人に弱い。こうなると単純でね、真冬のホッピーはイヤだなんて了見はどっかへすっ飛んじまう。熱燗だと？　笑わせちゃあいけないよ、男はシブくホッピーを飲むのよ。それが男ってえものよ……。宗旨変えですね。何しろこちとら、不器用ならぬ小器用っすから。でもまあとにかくは、調子が出たなら中身のお代わりでしょ。こうして真冬のホッピーマラソンも、熱くスタートを切ったわけです。

大久保：吾作
新宿区百人町1～23～19　03・3365・0224
17：00～翌2：00　日祝休

クリスマスイブにホッピーはやめて！〔東中野〕

さて、次なる目的地は東中野。地道に働く男ひとり、寒風吹きすさぶ中を行くというイメージなわけですが、実はちょっと淋しかった。何せこの日は、クリスマスイブだったんです。何が哀しくてイブにホッピーマラソンをするのか。それにはこんなワケがあるんです。これより数日前のこと。迫り来るクリスマスを前に、アタシ、娘に言いましたね。

「娘よ遠慮するな。年に一度の大盤振る舞いなのだ。おとうちゃんに、欲しいものを言ってごらん。クリスマスプレゼントだよ」

すると娘は、こう申しました。

「わたし、何もいらない。何もいらないから、クリスマスイブだけは、ホッピーを飲まないで」

どうです？　こんなとき、どうします？　素直に家に帰る？　そう、それでいいんですよね。でもね、この日だけはやめてって言われると、その日だけは譲れないって気になりません？　アタシがそうなんですよ。それまで一緒に楽しいクリスマスを、なんて考えていたのが、逆になる。

どうもうまく説明できないんですが、そういうことでイブの晩、アタシは**東中野**の駅に降りましたよ。でもね、どうにも淋しい。北口界隈をぐるぐる歩くのですが、なかなかこれぞという店にも巡り合わない。それで思い立ちまして、東中野在住ライターのSクンを呼び出しちゃった。Sクン、ひとまず深夜までは用がない（やるね）とかで、付き合ってくれました。というより、たしかホッピーのある店は、と連れ歩いてくれて、たどり着きましたのが大久保通りにある**「香港厨房」**なる中華のお店でございました。

あるんですねえホッピー、感動的です。それでいろいろと中華惣菜を注文しまして、飲み物はもちろんホッピー。品々がテーブルに並び、

「ホッピー・クリスマス！」

異様な乾杯ですよ。男ふたり、イブにホッピー。でも、うまかったですね。中華はホッピーに合う。断言しちゃいたいですね。

店のご主人も良かった。ホッピーは決して安くないという主張をされるわけですが、その論拠がいい。500mlのグラスに100mlほどの焼酎を入れ、そこにホッピーのボトル1本、360mlを注ぎ込むと、焼酎の度数を25度として全体の量が460mlだから、ホッピーそのもののアルコール分を計算から外すと全体の度数は約5・5%。それで値段が450円とか500円になるなら、ビールと変わらないと、こういうことなんです。

つまり酒の値段を度数から逆算するわけですが、こういう考え方、アタシは結構好きですね。なるほど、とつい納得してしまう。こうして度数で考えてみて、ホッピーは、確かに他の酒に比べて大幅に安いワケではないが、かといってやはり、高いワケでもないことに気づかされた次第です。

それになんのトクがあるかって？　ありゃしませんよ。でも、なんかこう、勉強になった気がいたしました。ありがとうございます。

東中野：香港厨房
中野区東中野1〜6〜12　03・3361・8107
11：30〜14：00　17：30〜翌2：00（1：30L.O.）定休日なし

2003年、年明け。今年もホッピーがうまい〔中野〕

さて、年末年始にはこのマラソンも2週間のお休みをちょうだいしました。とはいえ飲まなかったわけではなく、むしろ激しく飲んで、それゆえにマラソンができなかったということなんです。そして、年始、マラソン再開は1月11日のことでした。なんでここだけ日付が入るかというと、この日、府中の東京競馬場で痛い目に遭ったから、よく覚えてるんです。関東は千葉の中山競馬場で開催している時期ですので、東京場外で馬券を購入していたわけですが、昼過ぎからやられ続けたアタシは、ついに中山競馬場の12レースでもやられ、手元の残金もごくわずかという状態で関西の京都競馬場の最終レースに臨みました。

サラ系4歳以上ダート1400m。

内枠の4頭。ひらめきました。というよりヤケクソです。馬連のボックス。どの2頭の組み合わせでも万馬券という人気薄の4頭を選んだ。なに、当たりゃいいのよ。競馬場で飲んだビールと熱燗で緩くなった頭では、それくらいしか考えられなかった。これで決まり、と、馬券売り場へ向かったとき、またひとつ天啓が降ってきた。なあお前、次のレースは河内だぞよ〜。天の声はそう言ったのです。悩みました。5点のボックスを買う金はない。そこで内枠4頭の中から3番ディープインサイドという1頭を外して4点のボックスにした。

結果やいかに。内枠の4頭と河内ジョッキー騎乗のメイショウテンマ（5着）がなんと1着から5着までに揃いました。

やった！　やったか？　いや、全然。

2着が、直前に外したディープインサイドだったのです。つまりアタシの賭けた馬は1、3、4、5着。馬連は1着と2着の組み合わせですから、惜しいけれど外れなんですね。

続々と競馬場を去る人々。立ち尽くすアタシ。配当は4万。1点につき500円買ってましたからね、天啓を無視してヤケクソのまま買っておれば、20万円になっていた。今その20万円が、目の前で、消えたことになります。呆然として駅へ向かい、競馬好きのWクンに泣きながら電話をしました。するとどうでしょう。彼は、府中本町駅で蕎麦を食っているではありませんか。

ふたりして新年会兼ホッピーマラソン再開記念飲み会をしようということになり、**中野**へ向かいました。ここで見つけたのが「**やきや**」という1軒でございます。立ち飲みですよ。中野通りを駅から下って五叉路の少し手前あたり、中野通りより1本東側に入ったあたりにある。いいお店です。土曜日の5時過ぎでほぼ満員。トマト、ニンニク、ハツのほか、煮込みでホッピーをやります。

おつまみがいずれもおいしいことに加え、店内はにぎやかで活気があって、立ち飲みの疲れをまったく感じさせない。ウキウキしてきますね、こういうお店に来ると。中身のお代わり、外のお代わり、次々に頼むうち、外れ馬券の悔しさも忘れて完全に新年会のノリになってきました。そこで乾杯――。

「ホッピー、ニュー、イヤー！」

どこまでも、バカです。

中野：やきや
中野区中野2〜27〜14　丸萬ビル1階　03・3381・8184
16：00〜23：00　日曜休

中央線の濃いところ、連続飲みで参ります！〔高円寺〕

さて、ここいらから真冬のホッピーマラソンも佳境です。高円寺、阿佐ケ谷界隈という、誰が言ったか知らないが中央線の魔物が棲むというエリアに突入して参りました。まず足を向けたのが**高円寺**。駅の南側にいい感じの店がずらりとありますね。そのうちの1軒、ひときわホッピーの幟も目立つ**「鳥定」**という店に照準を定めました。

ところが、満席で入れない。この日、伴走してくれたのはカメラマンのSさんですが、外は木枯らし吹きすさぶ1月のこと、寒くてどうにもならない。そこで、周辺を回りながら「鳥定」を覗くこと三度、ようやく入店できました。

「お疲れ様」

なんと、鼻水を垂らしながら入店した我々を、女性スタッフはそう言って迎え入れてくれたのです。いいですねえ。帰ってきた感じですねえ。

優しくされると涙ぐむSさん、早くも半泣きになりながらも、満面に笑みをたたえております。

「イナダ刺身、厚焼き玉子、黒イモ丸揚げ、ホヤの酢の物。レバ刺しは、ニンニク、ショウガ、ゴマと、タレは全部ちょうだいな」

注文にも勢いがある。でも、これだけ一気につまみを頼むときのSさんはその後も激しい。酒は強いものを飲むほうが男らしいと信じ切っている人でもあります。中身、中身の連発。最初に声をかけてくれた女性に、どうだオレはものすごく酒が飲めるだろう、と思ってもらいたいのでしょうか、とにかくドエライ勢いで飲み、へベレケになったのでした。店の大将に伺いましたら池袋にもお店があるそうで、今度は西武池袋線ホッピーマラソンをやったら、と勧められました。えっ？　池袋線？　アタシ、所沢まで行くのでしょうか……。

高円寺：鳥定　閉店

不思議な中身の法則〔阿佐ケ谷〕

さて、そのまた翌日。午後まで引きずるハードな二日酔いを夕刻までになんとか克服し、一行は**阿佐ケ谷**を目指しました。この日は編集部勢揃い、紅一点のY子ちゃんも参加してくれました。お店の名前は**「川名」**。北口から少しばかり住宅街のほうへ入ったところにある良い店です。

まずは黒ホッピーで乾杯。パキパキに霜のついたジョッキにたっぷりのホッピー。カウンター席の奥の座敷で、にぎやかに盛り上がります。このお店、焼きものももちろんよろしいのですが、ゴーヤチャンプルーなんかもあって、若い女性をお連れするにもよろしい。実際に店内を見渡すと若い人が多く、カウンターには雑誌や本なんか読みながらうまそうに焼きものの串を口へ運ぶ姿があって、みんなリラックスしています。店のご主人も笑顔に人柄がそのまま表れているような、とても優しい人でしたね。

ところで、ホッピーのお代わりってのはどうしてこう、分量が一定じゃないんですかね。いや、外側じゃなくて中身のほうですよ。中身ってお代わりをすると、最初の

1杯より少しばかり多く入ってくる。3杯目になるとまた増えて、4杯、5杯と増えていく。最後には、ジョッキの6分目くらいまで焼酎が入っていて、これでは外がまるで減らないという感じになる。これ、気のせいですかね。以前から気になっていたのですが、そのほうが腹も張らずにおいしく酔えるという心配りなのかもしれません。

このお店はほかにもユニークなところがありました。壁にダジャレが、メニューのように貼ってあるんです。「マッチョが売りの少女」とかね、そんな感じなんですが、これが酔っ払ってくると結構笑える。「市村県」ってあったんですよ。なんだろうね。みんなで結構考えてしまいましてね。市町村という音読みが頭に入っているからなんでしょうね、なかなか難しい。そこで、そのままに、し、むら、けん……。あ、「志村けん」じゃないのと。こういう具合ですね。それがどーしたと叱られそうですが、お若い女性がメンバーに入ると、ダジャレにも笑うし、酒も進みますね。オヤジというのは、どこまでも哀しい生き物、前夜高円寺で死にかけていたのに、この晩は再び万全。Sさんも絶好調で、またまた、とことんまでイキました。

阿佐ケ谷：川名
杉並区阿佐谷北3〜11〜20　03・3339・3079
16：00〜23：00　月火休

『酒とつまみ』に女性色を！〔荻窪〕

三日酔いというのでしょうか。何日か飲みまくっていると、二日酔いを超えた、何かとてつもなく気だるい状態になります。ビョーキかもしれません。荻窪へ向かった日がそんな日でした。中野で暴飲、1日あけて高円寺で鯨飲、阿佐ケ谷で痛飲したアタシは、ようやく荻窪までやって参りました。夏のマラソンで、1軒につき500mlのホッピーを5杯ずつ飲むと、東京～高尾間の全32駅で80リットルのホッピーを飲むことになると試算いたしました。そして夏には、実際にそれくらいのペースで飲んできた。冬は、さすがにそこまで飲めないだろうと、大久保、東中野あたりまで手加減しながら進んで参りましたが、中野、高円寺、阿佐ケ谷と一気にペースアップしたので、少なくとも中身ベースは1軒5杯ペースを上回る感じになってきたようです。

そこで**荻窪**。実はもう飲めないなと――。そういう感じでしたね。冷たい雨の降る晩のことでもあり、今夜は吉祥寺あたりで軽く飲んで帰ろうかと、そんな弱気の虫が顔を覗かせていたときです。

「ここからが勝負、一気にスパートですぞ！」

そう、Wクンです。参りましたね。でも、昨夜に引き続き伴走してくれるという。

もうこうなるとお年寄りの散歩の引率みたいな感じ、アタシが走るというより、連れてってもらったというのが正しいところです。

さて、やって参りました荻窪は、ご存知加賀屋グループの「加賀藤《かがふじ》」です。煮込みがうまい。何を頼んでも間違いがないという安心感もある。壁の、ビールと書かれた品書きの横に、ジュースなんてのが並んでいたりすると、いかにも大衆に愛される酒場という雰囲気。心から安らいだ気分に浸れるのは、ひとりアタシだけでしょうか。

1杯目のホッピーが胃に納まると、もう調子が戻ってきます。不思議なものですが、さっきまでうるさいなと思っていた店の喧騒が心地よくなる。隣のテーブルでアニメ映画の話に盛り上がる男ふたり連れも、好ましい人物に見えてくる。中身の2、3杯あたりで、結構いい気分。これも三日酔いの功徳《くどく》でしょうか。

「ウチの雑誌にも、若い女の子、登場してもらえないかねえ」

とアタシ。Wクン答えて、

「このハツ、うまいっすよ」

「ハツより女の子だよ。昔の朝の連ドラでさ、沖縄の話やってたよね。可愛い子が出てた」

「ちゅらさんでしょ」

「そうだ。ちゅらさん、エリーだエリー。あの子にインタビューしよう。沖縄だから酒も強いはず」

「わかんないでしょ、そんなこと」

「でもいいよねえ」

「そうですね。国仲涼子ちゃんですよ」

「そういう名前だった」

「満天ちゃんはどうスか？」

「あの屋久島から宇宙へ飛ぶという」

「ドラマの中の話だって」

「いいねえ元気そうで。焼酎飲みそうだよネエ」

「あれ、あの子、苗字なんていったかな」

「日高に決まってんでしょ。日高満天」

「だからそれは役名だっての」

「あ、そう。ホント、このハツ、うまいね。スイマッセーン！　中身、お代わりーッ」


この晩のことで覚えているのはここまでです。

荻窪‥加賀藤
杉並区上荻1〜15〜13　03・3393・4075

17：00〜23：00（22：30L.O.）日祝休

二夜連続飲みでグロッキー!!

さてさて、いよいよ大詰め、**西荻窪**まで来ましたね。荻窪で記憶を失った翌日のことです。ご紹介するのは**「串の家ちょろ」**。痺《しび》れました。実は、西荻窪をどこにするか、マラソンしながらも偵察していたんです。昔、この近くに住んでたものですからね、少しは知っている。南口の駅を出てすぐ右の一画、ご存知の方も多いでしょう。いいですよね。昔のまんま。それで、偵察した。で、小さいけれど人がぎゅうぎゅう詰めでという、いい店を発見しました。でもね、ちょうど焼鳥を焼いているところが表から見えるんですが、どうもそこに立っている人（大将でしょうね）が、なんかおっかない。それでひとまず偵察だけにしていたんですが、この日、意を決して午後5時に行った。

一番乗りと思いきや、カウンターにはすでにお客さんですよ。オカミさんと話しています。

「俺の小さい頃はさ、学校の帰りに畑へ行ってね、果物なんか取り放題なんだよ。これがまた、うまいんだな」

アタシも仲間に入りたくて、咄嗟《とっさ》にガキの頃のことを思い出しましたね。

「ウ、ウチの近所じゃウドとキャベツでした」

お客さん、一瞬キョトンとして、

「ウドじゃ子供には食べられないね」

一同大笑いになって仲間入りを果たしました。

店もいいですよ。トマトを頼んだら、何で食べますって、ちゃんと聞いてくれる。もちろん塩。それとやきとんというのも人気メニューで、脂の乗った豚肉にネギを挟んだ串焼きで、その甘い味わいとホッピーが実によく合う。果物取りのお客さん、ニコニコしながらホッピーを飲む。中身を追加する。こっちも調子づいてくると、店は徐々に混み始め、カウンターが一杯になった。

アタシは驚きましたね。カウンターの全員が、ホッピーを飲んでいたのです。常連さんがなんでここへ来たのかとアタシに聞くので、この『酒とつまみ』創刊号を出しまして、取材であると申しますと、みなさん興味を持ってくださった。そして、お前明日も来いよと、こういうことになりまして、この日も４時間ほど飲んだかと思いますが、ひとまず店を後にしました。

そして翌日。午後８時頃に店に入ると、昨日見た顔が何人かすでにおられまして、「おお、ホッピーの」なんて声をかけてくださいましたよ。そして最初に出会ったお客さん、こう言いました。

「これ読んだけどね、ホッピーの飲み方がまだまだ甘いな。外1杯で中身5杯は飲まなくちゃ」

やりましたよ。その通りに。外1杯に中身5杯。これを2サイクル——。イキましたね。吉祥寺まで歩こうかと思うものの、もう歩けない。駅のホームで悪寒に苛《さいな》まれながら電車を待ち、第2区の最後の目的地、吉祥寺駅へ降り立った。南口に降り、目当ての居酒屋の戸を開け、ホッピーと肉豆腐を頼む。待つことしばし。

するとジョッキに氷なしの、本格派ホッピーが出てきた。さすがだ、と思いつつ、

飲み切れない自分もまたそこに——。

オータケはまたもや、もう飲めません(泣)。

西荻窪：串の家ちょろ

杉並区西荻南3～11～7　03・3334・4868

17：00～24：00　日曜休

(以下次号、再び吉祥寺から反省してやり直したいと存じます！)

第3区

肝臓破りの吉祥寺〜国立編

ホッピーマラソン、多摩エリア突入

えー、ホッピーマラソンです。なんと第3区。まだ、続いてるんですねえ。すみませんです。もう飽きた？　そんなことおっしゃらずに、どうぞお付き合いのほどを願います。

中央線の全32駅で下車してホッピーを飲むというこのマラソン。前回で西荻窪まで来ました。東京駅から数えて18駅。だいたい半分くらいまで来た計算になります。実は前回の最後に吉祥寺までたどり着いたのですが、西荻で飲み過ぎて記憶がほとんどない。飲むには飲んだんでしょうが何ひとつ思い出せない。それで今回、吉祥寺からもう一度やり直しをさせていただくことにいたします。

季節は初夏から梅雨、そして真夏にかけての時期、ホッピーの爽やかな飲み口が嬉しい。それに加えて、三鷹生まれ、三鷹育ちのアタシにとって、吉祥寺から西へと向かうこのあたりが、まさにホームグラウンドであることも嬉しい。気分がラクです。下町ちなみに編集Wクンも、出身地はアタシと同じく東京都西部、多摩エリアです。下町のほうの人の中には、アタシらの出身地を、「在のほうだね？」なんか言う人がいますよ。イヤな野郎です。

文句はさておき、ホッピーマラソンも多摩エリアへ突入して参ったわけです。それではさっそく、**吉祥寺**駅は南口、**「葵」**という店ののれんを潜ってみましょう。駅前にあるお店ですが常連さんの比率が高そうに見えます。カウンターと、奥にテーブル席がひとつあって、こぢんまりとした、いい雰囲気の居酒屋さんです。

さっそくホッピーを頼む。つまみは、皮、砂肝、シシトウを塩で2本ずつ。うまいですねえ。ホッピーがクイクイ入る。すぐお代わりです。そうやってすぐに手をつけてしまうから、食いかけ、飲みかけの写真になってしまう。文庫版は写真がないからわかりませんが……。

で、写真を撮ってましたら、店のご主人が何してんの、と問う。当然です。それで、小誌を出しまして東京駅から高尾駅までホッピーを飲むマラソンを今、走っているところでしてと告げましたら、ご主人の答えはひと言。

「なんで？」

なんでって言われてもね。答えらンない。アタシはなぜホッピーマラソンをするのか？　全然分かんない。アタフタしてましたらご主人、お前さんホントにバカだねって顔しつつ、

「これ、お客さんにあげよう」

って、赤いライターをくれました。表にホッピー、裏に黒ホッピーと印刷されてい

る。大事にしたいと思います。

「こっちにもホッピーちょうだいよ。話を聞いてたら、なんか懐かしくなってきた」

カウンターの奥のほうに座っていたダンナさんです。

「懐かしいよな。昔よくホッピーを飲んだ。ボクが最初に飲んだ頃はね、まだ、いい焼酎がなくて、合成酒をホッピーで割ったの」

にこやかに語ります。合成酒ってなんでしょうかね。後で調べてみたら、アルコールにブドウ糖だのアミノ酸だのを加えて清酒の風味に似るように造るお酒だそうで、今も、売っているようです。今度、ぜひ試してみたい。

それにつけても合成酒のホッピー割り。シブイじゃないですか。米不足の時代に生まれた合成酒を、ビール不足の時代に生まれたホッピーで割る。そんなちょっと時代がかった話を聞きながら調子づいて、またまた、お代わりです。この店のホッピーは、冷えた大ぶりのグラスに焼酎を入れ、そこに冷えたホッピー1本分をそのまま注ぐ。氷は入れない。度数も比較的低く、非常に飲みやすい。それでつい、クイクイとやってしまうわけなんですが、お伺いしましたら、このお店には、来れば必ずホッピーばかりを飲むという6、7人の集団がいらっしゃるそうで。彼らがやってくると店のホッピーの在庫が底をつくという。今度見えたら電話で知らせてあげるよ、なんてご主人は言ってくださるんですが、お会いしたいような、お会いしたくないような、いやいや、これもホッピーのご縁、ぜひともお仲間に入れていただきたい。にぎやかな飲みっぷり、楽しみでございます。

吉祥寺：居酒屋　葵
武蔵野市吉祥寺南町1〜2〜8　0422・43・5256
17：00〜24：00　日曜休

駅から歩いて35分。ホッピーを訪ねゆく

さて吉祥寺の次は**三鷹**ですが、ここで少し駅前から離れてみることにします。多摩エリアを西に深く入っていくにしたがって、駅周辺だけではお店が見つからないという事態も十分想定できます。だから、まずは三鷹で練習しておこうというわけです。

南口へ降りて、南へ、ずーっと行く。時間にして25分。歩みの遅い人なら35分はかかる。タハハハ、遠いですね、申し訳ない。バスもありますよ。目標は三鷹市役所。市役所の横に郵便局があって、その近くに**「やきとりヨコボリ」**という焼鳥屋さんがあります。

この日の伴走は某誌編集者のSさん。ちょっと無理矢理にお連れしたわけなんですが、最初に頼んだレバ刺しに箸をつけるや、

「これを食うだけでも、来た甲斐があった」

そう、うまいんですよ。ほかに頼んだのは、タン、皮、ナンコツの塩焼き、おそらくはご主人のお名前を冠した、さかもとスペシャルというもの。これはニンニク焼き。飲み物はもちろんホッピーです。

カウンターが1本、奥にテーブル席がある。カウンターで、テレビのプロ野球中継に目をやりながらレバーの塩焼きをうまそうに食べている初老のお客さんがいる。手元には大瓶のビール。物静かで、上品。とてもいい雰囲気の人です。どれくらい飲むんでしょうかね。1時間でビール1本にサワー1杯、いやお酒を1、2合くらいか。程よく酔って、歩いて家へ帰るんでしょう。いいですね。ああいう酒はいいような気がします。アタシもああいうジイ様になりたいと思いました。

しかしながら、そんなお客さんの耳をつんざくような嬌声を上げる集団もおりましたね。奥のテーブル席。5人くらい。男ばっか。アタシたちが入店して1時間も経ったころ、突如として、しかも急激な盛り上がりを見せ、しばらくすると、エレキギターの音まで聞こえてきた。どうやら、店の奥にギターもアンプも置いてあるらしい。なんだなんだ。何が始まるのだ？　と思う間もなく始まりましたのは、「スタンド・バイ・ミー」の大合唱でした。

♪ソ、ダーリン、ダーリン、スタン、バイ、ミー、のところに来ると一段と歌のボリュームが上がる。そこだけ歌詞を覚えている人が、ここぞとばかりに声を張り上げるからでしょうね。最初はうるせえなバカヤローと思っていたアタシも、２コーラス目には思わず、♪ソ、ダーリン、ダーリンって口ずさんでしまいました。

「うるさくてすみませんねえ」

店の奥さんは本当に申し訳なさそうに言ってくれるのですが、ナニ、いいじゃないですか。酒は楽しく飲まなくちゃね。

そうこうするうちにスタンド・バイ・ミーの５人連れ、席を立ちました。さては歌い疲れたかと思いきや、

「オーシ！　本格的に歌いに行くぞお〜！」

ますます気勢が上がります。

「金持ちか貧乏人か。世の中にはなあ、どっちかしか、いやしねえんだ！」

なんて怒鳴り声も聞こえましたね。よく分かんない。市役所の人でしょうか。それとも郵便局か。まあ、どちらでも良いではありませんか。市民やお客さん相手にサービスを提供する毎日、そりゃストレスだって溜まるでしょ。そんな抑圧を胸に抱えていると人相が悪くなりますからね。ブハーっと吐き出してね。そしてまた明日になれば、地道なお仕事が待っている。ね、これでいいんです。

このお店、ライブをやろうかという話もあるそうです。実現したら楽しいでしょう

ね。

「アー・ユー・ホッピー?」

「イエーイ!」

がぶ飲み必至、ですね。

三鷹:やきとりヨコボリ　連絡とれず

意外なお店にホッピーを発見

三鷹を過ぎました。我らがホッピーマラソンはさらに西へ西へと進みます。次なる駅は**武蔵境**。多摩川競艇に行くならここから西武線に乗り換えるのが便利です。

そういうことはさておいて。さっそく、南口を攻めます。駅から少し遠いけど「鷹」という店でならホッピーが飲めるよと、知り合いを通じて情報を入手していたからです。そして歩くこと20分。ハハハ、また20分ですよ。楽じゃないです。で、もつ焼き屋風の店構えをイメージしながら歩くのですが、どうも見当たらない。それで事前に教わっていた電話番号にかけてみると、つながりはしたものの、今日は休みだというではないですか。

それで駅まで引き返し、ほかにホッピーを飲める店はないかと探すうち、編集Wクンも駆けつけてくれ、北口を探索。その後、南口に戻って探索。しかし、見つからない。あの、ホッピーと書かれた幟も提灯もない。淋しいものですよ。もうすっかり愛着がわいてしまってますからね、なんでホッピーを置いてないんだと、大声を上げそうになる。でも、まあ仕方がない。その晩はWクンとふたりして居酒屋でレモンハイをガンガン飲みました。

そして翌日。再び訪れました武蔵境。前日に聞いておいた道筋をたどって参ります。赤提灯、縄のれん、小窓からモクモクと溢れ出る煙など想像しながらここと思われる場所に着いてみると、駐車場があって、イメージしていたより遥かに大きい建物がある。見れば、「鷹」と書いてある。ここだ、と思ったそのとき、「手打ちうどん」という文字が目に飛び込んできました。そう、「鷹」は、うどん屋さんなのでした。

アタシ、半信半疑で店へ入りました。カウンター、テーブル席、そして大きな座敷があります。カウンターの奥は広々とした厨房で、旦那さんが大きな釜の前に立ってうどんを茹でている。湯気がもうもうと立ち上がり、実にいい光景です。座敷には仕事帰りのビジネスマンや女性、親子連れ、カップルなど、いろんなお客さんがいる。

カウンターに座るとすぐに、女性スタッフがご注文は？　と聞きに来た。アタシ、緊張しましたね。だって、うどん屋さんですよ、どう見たって。ね、そこで、

「ホッピーちょうだい」

かなんか言って、

「あるわきゃねえだろバカヤロー、うちはうどん屋だあ！」

なんて怒られてもね。でしょ。それでね、ビクビクしながら言いました。

「あ、あの、ホッピーは置いてございますんですか？」

そしたら女性の店員さんニコッと笑って、

「はい、ありますよ」

ってね、即座に答えてくれました。あるんですよ。ホッピーがうどん屋さんにあるんです。そんなに興奮するこたぁないと思いますが、アタシは興奮しましたね。何しろホッピーが、うどん屋さんに、あったんですから。

つまみはモツの煮込み。これもうどん屋さんのメニューではないような気がいたしますが、なに、非常にいい味ですから文句はまったくない。続いてつまみ用の天ぷらを頼み、ホッピーはお代わりをします。そして、締めには、もりうどんを頼みました。おいしかったですね。シコシコとした手打ちうどん。ホッピーを飲むときはいつもガンガン飲む感じがありますが、適度なつまみでホッピーを2杯ほど飲んで、最後にはシコシコの手打ちうどんで締めるというのは、ホッとしますね。柔らかい感じがする。良い夜になりました。

それにしてもうどん屋さんでホッピーです。しつこいですが、なぜなのか気になりまして旦那さんにお伺いしましたら、この店の開業は昭和52年で、そのときすでにホッピーを置いていたということです。

「オヤジが酒好きだったから置いたのかな」

といって、旦那さんは笑います。理由はどうやらもうひとつあって、この店の隣の運送会社が、ホッピーの運搬をやっていたことも関係しているらしいですよ。今も、そうなんでしょう。帰り際、店を出てから隣の会社を見ますと、ホッピーと書かれた大きな看板がありました。初めての店でしたが、覚えておきたい1軒になりました。

武蔵境：手打ちうどん　鷹
三鷹市深大寺1〜7〜24　0422・32・1881
火〜金11：00〜15：00　17：00〜21：00　土日祝日11：00〜15：00　17：00〜20：00　月曜休

東小金井で謎の男のお世話に

さて**東小金井**までやってきました、実はここは不安だった。なぜって、駅前にそれらしい街がない、ような気がしてましたからね。しかし、取り越し苦労でした。あったんですよ。しかも同じ道筋に2軒も。発見してくれたのは、にっしぃ、なる人物。

実は『酒とつまみ』の読者さんなんです。

ある日この人からハガキが来ました。文面は、「タケさんこんにちは」と、いきなり実になんとも親しげな書き出しで始まっていたのです。その用件は、ホッピーマラソンの伴走をさせろという有無をも言わせぬ感じのものでした。謎の男ですよ。

そこで、こちらからも改めて連絡を取り、実は東小金井の店探しに不安があると申しました。そうしたら彼、たったの1日で見つけてきてくれたんですね。大丈夫だ心配するなという話、ここはもうご好意に甘えてしまおうと、そういうことに決めまして、とある日の夕刻、東小金井駅で落ち合ったわけです。

にっしぃとアタシのふたりは、自己紹介もそこそこに小走りにお店へと向かいます。南口を少し南下すれば、勘のいい人ならまず間違いなく見つかります。入ったのは**「やまちゃん」**というお店。カウンター中央に陣取った我々はお店のご主人にすぐにご挨拶してホッピー飲みに突入です。

「どーもー、はじめまして!」

うまい。少し軽めに作ってあるので夏場の最初の1杯には最適。枝豆、シシトウとハツの塩焼きを頼み、宴は始まったのです。聞けば、にっしぃ、散歩と読書と酒と旅に生きているという。なんという羨ましい話。話しぶりにも飲みっぷりにもイヤミなところのまったくない飄々《ひょうひょう》とした人物。大阪のどこそこの飲み屋の話、月島の飲み屋の話、旅先でのエピソード、普段の仕事についてなど、いろいろ聞かせてくれます。

ホッピーは次から次へ。開店から7年になるというこの店のご主人も実にいい人で、少年野球の指導をなさっているとか。いいですねえ。店には子供たちが勢揃いしたチームの写真が何枚もかけてある。中には全国大会レベルの選手になった子が何人もいるとかで、これまた非常に羨ましいお話です。

店のご主人からはほかにもいいお話を聞きましたよ。最近ではホッピーを飲む女性が増えているというんですね。いいですねえ。ワタシもたまには女性と一緒にホッピーを飲みたいなんて、にっしぃが横にいるのに不謹慎なことを思った次第です。

さてさてそんな具合にホッピー飲みはぐいぐいと進みまして、時間にして3時間半程度が経過。頭の中はぼんやりとしてきて、話ばかりが熱くなるような頃合となりましたちょうどそのとき、

「はい、ごめんねえ。これで最後になっちゃった」

ホッピー、品切れしました。いやあ、もうないんですよ、ホッピー。信じられない。昔、京王線のつつじヶ丘駅前にあった焼肉屋さんでマッコリを品切れに追い込んだことが一度だけありましたが、それ以来の品切れです。名誉か不名誉か。名誉ということにしておきましょう。

にっしぃ、この先のマラソンで、店の調査が済んでないところはどこかと訊くので、

ひとまずは西国分寺周辺のリサーチを依頼。国分寺在住のにっしぃ、すぐにでも取りかかると意気込んでいる。いや、ありがたい。ホントに、ありがたい。ありがたい気持ちが昂じましてこの晩、にっしぃの地元である国分寺へと流れ、ホッピーしか飲まないという禁をついに破って、ヘロヘロになるまで飲みました。にっしぃ、伴走ありがとう！

東小金井：やまちゃん　閉店

落ち着く店だったけど……〔武蔵小金井〕

次の駅、**武蔵小金井**へと向かったのはその週の土曜日です。午後から東京競馬場でやられ、やられた後はWクンに泣きながら電話をして府中本町で合流するといういつものパターン。この日は南武線に乗って谷保駅で下車。そこから国立駅までの2キロほどを歩きながらホッピーが飲める店を探しました。今後訪れる予定の国立に、店の目当てくらい見つけておきたかったからです。結果としては、店は見つからず、別の縄のれんでご機嫌に飲んでしまい、その後で武蔵小金井へとたどり着いた次第です。ひとたび禁を破ってしまうと脆《もろ》いもので、武蔵小金井で下車したときにはほろ酔い気分になっているほど、ホッピーの前に別の酒を飲んでいたのです。

駅の南口を出て線路沿いに東小金井方面へ戻るようなイメージで進みますと、両側に飲み屋さんのある路地に入ります。その右側にある店が**「金ちゃん」**です、店の前に目立つ大きな赤提灯があって、店内にはカウンターが2本ある。入り口もカウンターごとに別々になって、2本のカウンターの間を店の人が行き来するというユニークな造りのお店です。

落ち着きます。古さが醸《かも》す雰囲気ですね。腰を落ち着けてホッピーマラソンを再開。つまみは、ニラ玉に、トロロ芋の千切り。安い。油揚げや納豆などは150円。ホッピーも380円です。店内には店を切り盛りするお母さんと、Wクンとアタシの3人だけ。開け放った窓から流れ込んでくる気持ちのいい夜風にあたりながら、和《なご》みまくりました。

でも、残念なことに、このお店、もうないんです。35年の歴史に終止符を打ちました。もう少し長く続けてくれれば常連にもなれたのにと思うと、ホント、残念です。「金ちゃん」のお母さん、お疲れ様でした。

武蔵小金井：金ちゃん　閉店

不惑のホッピー。誕生日に撃沈す！

さてさて、また別の日のこと。国分寺駅に降り立ったのは夕方5時半ごろです。まだ明るいうちですが、目指す「いっぱいやっぺ」まで行ってみると店はすでに満席。カウンター席の常連さんたちの、お前はダレだ？ という視線も痛い感じです。ここは知り合いの画家のMさん推奨の1軒ですが、あまりの人気のため、時間を見計らって出掛けないと入れないこともあるのです。

周辺をウロウロしつつ何度か店を覗きますが入れない。Mさんは国分寺在住ですから電話をかけてみると、もう1軒、別の店を教えてくれ、後で合流すると言います。それで教えられた店でビールに日本酒。もつ焼きを何本か食べ、1時間半ほどしてから「いっぱいやっぺ」へ戻りますと、テーブルがひとつ空いていた。即座に座ってホッピーを注文します。タン、ナンコツ、ネギ、全部塩で焼いてもらう。

うまいですよ。5時開店なのに4時半には常連さんたちが集まっているというこの店の人気の理由は、やはりこの味の良さです。ナンコツの味を新鮮と言ったらなんだかよく分からないかもしれませんが、本当に、ああこれは新鮮だなと思いました。それもそのはず、この店のご主人が生まれ育った家は、国立にあるこの道の名店に肉を納めていたといいます。ご主人が店を始めたのは24年前ですが、それからほどなくして、件《くだん》の国立の名店の主から、正式に杯《さかずき》を受けたとのことです。

お客さんたちの会話も楽しい。地元の幼馴染が集まってワイワイやっているような気楽さと、優しい雰囲気があります。そしてみなさん、本当によく飲むし、よく食べる。こういう店に来るとウキウキしてきますね。のれんを分けて顔を見せたサラリーマン風の男性が、店内を見渡して席がないのが分かると実に残念そうな表情を見せて去っていきます。ここでの1杯を、本当に楽しみにしているのがよく分かりますよ。

早くも中身のお代わり。そして、店の若いスタッフが運んでくれたグラスを見て驚きましたね。大ぶりのグラスの縁のところまで焼酎が入ってる。

「これ、どうなってンの?」

「あ、適量入れたんですけど、前の酒が少し残ってたから」

焼酎を啜り、ホッピーを足す。また少し飲んでホッピーを足す。ニンニクを頼みます。Mさんはまだ来ないのですが、ひとりで勝手にモクモクと飲み、かつ食います。よく焼いたニンニクには特製の味噌ダレがかけてあって、これがまた格別です。

中身3杯目に突入するころ、Mさん、登場です。なんと某誌編集長のKさんも一緒です。実はこの日、アタシの誕生日でした。それでKさんもわざわざ都心部から急行してくれたというわけです。みんなで乾杯。

「ホッピー・バースデー！」

言ってしまいました。

40歳。不惑です。人生の大きな区切りであろうはずの不惑の誕生日に、ホッピー・バースデー！　とは、我ながら……。

いいじゃないですか、嬉しいことです。その後のアタシたちが、途中ダレることもなく閉店まで飲み食いに勤《いそ》しんだことは言うまでもないでしょう。

店を出るともうヘロヘロ。とてもじゃないけれど西国分寺の探索に出かけられる状況ではありません。なのに、なのに、ああ！　アタシはその後も2軒飲み歩き、気づいたら自宅の蒲団から少しばかりズレた床の上で仰臥《ぎょうが》していたのでした。Mさん、Kさん、ありがとう！

国分寺：いっぱいやっぺ
国分寺市本町3〜10〜13　電話非公開
17：00〜22：00　日祝休

ああ、どうしよう。娘がグレちまった！

40歳と1日目。こんな二日酔いがあっていいのか！と叫ぶ元気も出ないヘタリの正午。後悔しましたね。何せこの日は休日ということもあり、午後3時から小誌新連載担当ライターとなる予定のY女史との顔合わせ飲み会がセットされていたのです。飲めない。絶対に飲めない。そう思いつつ仕事場でヘタリ込み、でも行かねばならぬと意を決して顔合わせ会場へ。店は、ダブルのウイスキーのハイボールで有名なところです。ああ！

　飲んでしまいました。後悔はするのですが反省はできないということでしょうか。編集Wクンに途中参加のカメラのSさんを含め、4人でダブルのハイボールを30杯飲み、それでも帰らずもう1軒参りました。

　深夜、自宅で戻しました。赤い血を少し。ああ、とうとうか、と思いましたが、もう起きてられないので寝たんです。どういうことなんでしょうかね。恐くなったのは翌朝目覚めてから。それで大きな病院へ行きまして事情を説明しますと医師はひと言。

「喉が切れただけ、薬も必要ないでしょ。飲まなきゃ血も出ませんよお」

　なんかね。拍子抜けでね。ちょっと頭にも来ましたね。何せその医師、左手で口と鼻を押さえてアタシから少しでも離れたいとばかりに身をのけ反《ぞ》らせているのです。どうせ酒臭いですよ、すみませんねえ！

　ということで、医師のお墨付きも出たことなので、午後から仕事に復帰。その晩7時、予定通り**西国分寺**へと参りました。体調は絶不調ですが行かねばなりません。この日は、東小金井で活躍してくれた謎の男にっしぃが、再び案内してくれることになっていたのです。それに女性ライターのIさんもホッピーマラソンにぜひ参加したいとのことで、約束ができあがっていました。編集部からは編集WクンにカメラのSさん。総勢5人で出陣です。

にっしぃが我らの前に立ってズンズン歩きます。住宅街を抜けていく。こんなところに飲み屋があるのかと訝《いぶか》りながら、水以外は何も受けつけない状態のままトボトボとついていく気分、情けない限りです。

ありました。暮れなずむ住宅街の道の奥にポッと灯りが点ってる。**「ひらが」**。店に入るとテレビから競輪番組が流れ、手ごわそうなお兄さん、お父さんたちが飲んでいた。テーブルや椅子のサイズも統一されてなく、よく見ると、雀荘にあるような椅子も置かれていたりしてなんとも不思議な感じですよ。店の造りは、酒屋兼ミニ・コンビニといった感じで、宅配便の受付デスクであったと思われる事務机なんかもさりげなく配置されています。その空間の中に、なんと焼鳥屋の屋台が設《しつら》えてあります。つくづく不思議なお店ですよ。

それでも一同、それぞれの椅子を見つけ、元気よくホッピーを注文します。つまみは冷奴、エノキバター、ナス味噌炒め、ポテトフライに焼鳥各種。

大人数の伴走は今回は初めてなので乾杯は実に盛大です。昨夜一緒に飲んでいたS

さんなど、なんともない感じでグビグビホッピーを飲んでいます。Wクンもいささかツラそうなものの、やはり飲める。にっしぃはもちろんバンバン飲める。それに引き替え、このアタシ。乾杯したジョッキを口に持っていくことができない。心優しき男にっしぃがしきりに心配してくれるのですが、どうにも飲めない。

「タケさんはいつもこうしてホッピーを飲んでいるんですね。楽しそうですね」

紅一点のIさんがにこやかに言いました。若い女性に話しかけられただけで、とたんに元気が出るのがおとっつぁんの悲しさ、

「あ、うん、そうね、まあその、結構、楽しかったりもするねえ」

なんか言いながらつい、ホッピーのジョッキに口をつけてしまった。

ああ、飲めない。やはり、飲めない。

ここはご夫婦と息子さんの3人で切り盛りする店ですが、アタシ、奥さんに氷だけ入ったジョッキをもらい、飲みかけのホッピーはSさんにあげ、追加注文をひとつ。

「すいまっせーん、ホッピー、外いっちょ！」

アタシ、40年の人生の中で、ホッピーの外だけを飲んだのは、この日が初めてでした。

ついでのようになってなんとも申し訳ないのですが、この店のつまみ、好評でした。炒め物や焼きそばなど奥さんが作る料理もおいしいし、息子さんが焼いてくれる焼鳥

もいい。最初、びっくりしますが、1時間もいれば慣れます。そして慣れれば居心地はいい。我ら5人が、夜11時過ぎまで飲んでいたことがその証です。

ところで、その翌朝のこと。蒲団の中で朦朧《もうろう》としているアタシの耳に、家内と娘の会話が聞こえてきました。喉が切れてウンヌンという説明を聞いた娘がひと言――。

「酒飲んで、血ぃ吐いてンじゃねえよ！」

ああ、どうしよう？　ついこの間まで
「おとうちゃん、もうホッピーは飲まないで」

と言ってくれた同じ娘です。

グレちまった。娘がグレちまった。中学に上がったばかり。グレるのは中2の夏休みと相場が決まっているのにウチのは1年以上も早くデビューしちまった……。それもこれもオレのせいだ……。よーし、そこまで言うならもっと飲んでやる。見ていろ、娘よ……。

蒲団を被ったアタシは、再び深い眠りについたのでした。

西国分寺：ひらが　連絡とれず

『酒つま』編集部の合宿計画策定！

居直ったら始末に負えないアタシのこと。娘からの罵倒をものともせず、向かいましたのは**国立**駅。この日の伴走は小誌連載「つまみ塾」の瀬尾幸子さん。飲むなら早くから飲もうぜってなノリで集合は午後4時。いくらなんでも早い。早過ざる。案の定、あそこならと目当てにしていた店もまだ開いてない。そこで、他にもいい店あるかもよ、とか言いながら国立を歩き回ります。暑い日で汗が出て、ちょっとバテたと思ったそのとき、かつてWクンと東京競馬場の帰りに寄った店が見えてきました。吸い寄せられるように縄のれんを潜り、「ビールちょうだい！」。

結局、大瓶4本。酒を1日抜いたから好調です。そして目当ての店へ。「**おばこ**」というこの店ではもちろんホッピー。冷やしトマト、牛肉とナスとピーマンの味噌炒め、それから揚げシュウマイを注文。いずれもうまい。ホッピーによく合う。食も酒も進みます。

国内外のうまいもの巡りを怠《おこた》らない瀬尾さんのこと、話は食べ物、酒、温泉、銭湯へと行きつ戻りつ、ホッピーも何杯かお代わりして、いつしか編集部全員参加の大合宿計画へと進んでいくのでありました。

「つまみ塾で、どっか行って、なんかうまいもの食べない？」

と瀬尾さん。

「秋から冬ならアンコウはどうです？」

「いいねえ。クエもいい」

「クエ？　クエってあの、アラみたいな」

「そう、和歌山なら獲れる」

「知ってる。でも、遠いなあ」

「知り合いに頼めば宿代は浮くよ」

「ウソ！　じゃ行く。行きますよ！」

「クエ鍋作ろう！　酒つまクエ鍋合宿だ」

「オウ！　ク〜エ鍋！　ク〜エ鍋！」

汗を拭きつつ真冬の鍋を夢想するふたりをよそに、国立の夜は、静かに更けていくのでありました。

国立：おばこ
国立市東2〜2〜16　042・572・1221
（基本的に）17：00〜翌2：00　日曜休

（以下次号）

第4区

さらばホッピー！　立川〜高尾編

ホッピー飲みを優しく迎える大衆酒場〔立川〕

えー、なんと申しますか、そのぉ、ホッピーマラソンです。またもやホッピー、すみませんです。とうとう最終回。『酒とつまみ』第4号の巻頭特集でございます。ねえ、これでおしまいだ。どうぞ最後までお付き合いのほどをお願いいたします。

でもねえ、いくら最後だからって、何も巻頭に持ってくるこたァねえだろってね、アタシもね、そう思わないではないんですがね。なんのことはないんですよ。3号目を出してからしばらくの間は、あれで行こうと予定していた特集の原稿が、実は間に合わなくなった。それで、どうするかってなことになりまして、編集会議ですよ。とはいえ、我々スタッフ一同がですね、難しい顔して「問題は巻頭特集である」なんて、話し合うはずがない。

ある日、編集Wクンが、「台割変えときましたから」って1枚の紙をくれた。台割ってのは、何ページに何を載せるかってことを書いてある紙なんですがね、それを見ましたら「巻頭特集・さらばホッピーマラソン」となってた。ああ、そうなんだ、って、編集発行人はアタシなんですが、アタシには実は権限がない。締め切りが守れないから。それでね、無理して特集の準備をするより、特集のネタは第5号に取っておいて、とりあえずお前さんは早いとこホッピーマラソンを完走しろよと、こういうことなんです。いいんです。これでいいんです。行きゃいいんだろ、ってね。

さて、いよいよその最終回ですが、今回は立川から終点の高尾まで走ります。中央線の全32駅で下車してただひたすらホッピーを飲むという企画も、いよいよ東京西部、奥深くへと突入して参ったわけです。

季節は秋。日に日に日没時刻が早くなるこのころは、なんか妙に淋しくっていけません。アタシのようなフリー稼業の者にとっては貧乏家族の越年資金作りにも忙殺される時期。懐は淋しいわ人恋しいわお日様はとっとと暮れてしまうわで非常にキビシイ。このころ、久しぶりに行った飲み屋のマスターはひと言、「晩秋だぜ」とおっしゃいましたよ。1年の終わりに向けて淋しさ堪《こら》えてもうひと踏ん張りしようじゃねえかって、そんな風に励ましてもらったようで、嬉しゅうございましたね。

さて**立川**ですよ。三多摩にあっては大きな街ですよ。だからホッピーがある店を探すのには苦労はなかった。北口から線路沿いに国立方面へちょっと戻ったところに**「弁慶」**という大きな店がある。ここは以前にも、年末の競輪グランプリの帰りに編集WクンとWと来た店ですが、何しろデカイ店ですから常連サンにジロリと睨まれてしまうようなこともなく、ひとりでもふたりでも、初めてでも100回目でも実に入りやすい。

この日は、土曜日の府中の東京競馬場でひと勝負して、いつもの通り、大負けに負け、府中本町から南武線に乗って泣きながら立川へ到着した次第。同行はやはり府中でチョイ負けして不機嫌なWクン。最初の1軒に付き合ってやらないといつまで経ってもホッピーマラソンのラチがあかないことを案じての同行です。

100人は入れるような大きな店の内部は、入口に近いほうにコの字のカウンターがあって、主にひとり客が飲んでおられます。それからテーブル席がずらりと並んでいる。我らふたりはズーっと奥まで入り、テーブル席につきます。つまみは安くてうまい。この秋豊漁だったサンマは塩焼きも刺身も300円。ほかにもいろいろ注文してホッピー飲みに突入しました。

「Wクンのおかげで『酒とつまみ』も3号まで出せた。これからもよろしく頼むよ」

何せ晩秋のことですからハナからシミジミしてしまっている。そこへ持ってきて、

「気楽にやりましょうよ。無理して作ったってしょうがないんだから」

ってなことをWクンが言ってくれるもんですからね、感極まるってんですか、酒がぐんぐん進んじまって、気がつけば、この後はまた別の飲み会があるっていうWクンに、まあいいじゃないの、もうイッチョ行こう！　なんか言って、結局のところは中身の5杯飲み。シミジミした気分もどっかへすっ飛んじまって、なんで？　なんでダイエーは小久保を出しちまうんだあ！　と、いつも通りのベロベロに。ホントに始末に負えません。

立川：弁慶
立川市曙町2〜14〜32　042・523・0132
16：30〜23：00　日祝休

ホッピーの旅はついに多摩川を渡る！〔日野〕

さあ、立川の次は日野であります。ところがまだ日野へは行けない。立川の「弁慶」で勢いよく飲んだのはいいんですが、写真を撮るのを忘れてた。それで出直し。

今度はカウンターにひとりで座り、イカ刺しと冷奴でホッピーです。よく見てみると店には2階もある。本当に大きい店なんですね。カウンターの中に置かれた煮込みの鍋がうまそうな湯気を上げている。サラリーマンも自営業者も、男も女も、若い人もお年寄りも、それぞれリラックスして飲んでいる。肩の凝るシャレた居酒屋が全盛ですが、こうした大衆酒場の良さを残す店は本当に貴重です。軽く飲んで席を立ち、レジの人に撮影の許可を乞うと、

「ああ、聞いてますよ、ホッピーの旅をしているんだってね。好きに撮ってちょうだい」

笑いながらそう答えてくれました。先日お邪魔をしたとき、ご主人に簡単な挨拶を

したのに、なんとも温かい受け答えです。店の方々のお人柄も、晩秋のホッピーオヤジには心に染みるのでありました。

いよいよ日野へと参ります。

日野はちょっと遠いですよ。中央線は、ゴーッという音を響かせながら多摩川を渡ります。我らが仕事場の最寄駅からだと、JRの運賃も690円かかる。ホッピーのセットに中身1杯を追加したくらいの交通費がかかる。ね、遠いんですよ。しかし、終点高尾はもうすぐ。ここらあたりからが本当の正念場という感じです。

この日の伴走は、やはりWクン。実は彼、日野の生まれなんですね。つまりここがWクンのホームタウン。それで伴走をお願いした次第ですが、日当ての1軒へ向かったところ、どうにも見当たらない。おかしいねえなどと言いながら駅へと引き返してくると、道の反対側に赤提灯が見える。店先からは煙が立ち上っている。いい感じです。面しているのは国道20号。甲州街道ですからね、かなり道幅もあるのですが、そこから我らふたり、道の反対側のその店を、凝視する。

と、Wクンがぽつり。

「ホッピー、ありますね」

「あるかい」

「あります」

当てずっぽうで言ってるんじゃないんです。彼は店の横に積んであるケースに注目し、見慣れたホッピーのケースをそこに発見したわけなんです。このあたり、もはやアマチュアではない。

ホッピーマラソンをしていて何がたいへんって、ホッピーを飲み続けることもさることながら、その店にホッピーがあるかどうかを確認することが、なかなかにやっかいなんですね。店の外に酒のメニューを貼り出している店なら問題はない。ホッピーのステッカーや幟があるところも同様ですね。しかし、なんにも書いてない店、目印のないお店の場合、どうしたって中を見なくては分かりません。それで、店ののれんを額のあたりでかき分けながらガラス戸越しに店を覗くことになる。

それでも分からない場合は、戸を開けて、キョロキョロ見回すわけですが、いらっしゃい、と声をかけられてしまっては席に座らざるを得ない。だから、その声がかかる前に、

「つかぬことをお伺いします。えー、こちら様ホッピーを置いてますか？」

謎の客ですよ。ホッピー会社の人？　なんて聞かれたこともある。でもね、そうじゃない。そうじゃないんだということを説明するとなるとホッピーマラソンについてお話ししなくてはならない。そこまで聞いてくれたとして「また、なんでマラソンを」と問われたら話がさらに長くなる。そうは言っても話を端折って出てくるのも気

が引けるから結局のところはその店でビールとかレモンサワーとか飲んで、それはそれで実に楽しかったりする。

で、まあ、日野においてはですね、Wクンが瓶のケースを発見したことにより、めでたく、かつ合理的にホッピーを飲める店が見つかった。横断歩道を渡り**「やきとり一番鳥」**というその店の店先に立ちました。

立ち飲みですよ。いいですねえ。10人くらいで満席かなという店内も立ち飲み。外ももちろん立ち飲み。短髪、ごま塩頭の店主が、

「いらっしゃい！」

と威勢良く迎えてくれます。

「皮と若鶏とシロをタレで、それからツクネは塩で、2本ずつちょうだい」

「はいよ！」

ホッピーを出し、我々の前に置いて、串ものを焼きにかかるご主人。

「レバ刺しもいいよ。レバーだって女だってやっぱり生がいい、はははは」

明るいんですよ。無茶苦茶楽しい。それでね、レバ刺し、いただきました。ゴマダレ。これがまた逸品でね。外はもう、ちょっとばかり冷えるんですが、なに、次々にホッピーのお代わりをしながらの立ち飲みですからね、寒いということはない。体の内からポッポッと温まってくる。この道36年、日野へ来てからも26年になるとい

うご主人、材料の仕入れにも気を配っているそうで、何を食ってもうまいから、それも納得した次第です。

さあ行こう、というときに「行くべ」、何かをやろうというときには「やるべ」とか「やんべ」とか、食べるときには「食うべ」など、「べ」をつけるのは多摩弁かね、なんて話をしながらホッピーをクイクイやる。

「昔、よく、そこのラーメン屋に来たんです」

とWクンが言うのは「特一番」というお店です。日野駅の近くにあるのですが、同名のラーメン店は三鷹駅南口にもあるし、昔は吉祥寺駅の北口にもあったような。チェーン店なんでしょうかね。まあ、それはともかく、その「特一番」には、Wクンが塾通いをしていた中学生の頃によく寄ったとのことです。

「僕が傘を持たずに塾へ行った雨の夜には、オヤジが軽トラで駅まで迎えに来てくれるんです。自転車を荷台に載せて帰るんですけど、そのときオヤジはいつも、オイ、ラーメンでも食ってくかって」

いい話じゃないですか。夜遅くまで勉強してきた息子に、寡黙な父親が言うひと言としちゃ、できすぎてるくらいにいい。今日もちゃんと勉強してきたか？　なんてもってのほか、お疲れさん、でもイヤミでしょ。ラーメンでも食ってくか……。高倉健みたいじゃないですか。ああ、アタシもこういう渋いオヤジになりたい！

ってなことでワーワーとホッピーを飲んでいる間に、日野の夜は少しずつ更けていくのでありますが、ホントにいい夜になりましたね。アタシは日野で酒を飲むのはこれが初めてでしたが、いっぺんでこの街が好きになった。今度、山梨や八王子方面から帰るときには、途中下車してまた寄らせていただきましょう。

日野：やきとり一番鳥
日野市日野本町4丁目5〜12　042・585・1390
17：30〜22：00　日曜休

マラソンも終盤！　南多摩ひとり旅です〔豊田〕

立川、日野でグビグビと飲んだアタシが次に目指すは豊田です。ちなみに、この後、豊田、八王子、西八王子、そして終点の高尾となるわけなんですが、このあたりからがマラソンでいう35キロ地点という感じでしょうか。ホッピーマラソンを開始したとき、全32駅でそれぞれ1軒ずつ飲んで、1軒の店についてホッピーを5杯ずつ飲むと、32駅で160杯、1杯500ml換算で合計80リットルのホッピーを飲むと計算しました。そして今、残すは4駅。これまでの28駅ではホッピー2、3杯で失礼した店が3軒ほどありますが、ほかの店では普通に5杯程度は飲み、中には下見や撮影のやり直しなどで二度三度と足を運んだ店も数軒ありますので、平均5杯ではきかない。そう、もっと飲んでいる。たぶん、当初予定した80リットルを超えている。なんとも、バカなんですが、これをバカと言わずになんと言えば良いかまるで分からないんですが、よく飲んできたと思います。

もう、あとは精神力勝負という状況で、ある晩、アタシは**豊田**駅へと降り立ちました。あいにくの雨。冷たい雨ですよ。しかもひとり。ここからゴールまでは南多摩ひとり旅なのです。

北口へ出てみてふと右を見ると、細い道筋に赤提灯が見える。自動的にそこへ向かいます。これはもう習性ですね。

そして**「リキホルモン」**という名の店の前に立ちました。幟やステッカーはない。かくなるうえはいつもの通り、覗き見ですよ。すると、覗いた窓から見える席で飲んでいる人の手元に、あのホッピーの丸っこい瓶を発見したんですねえ。いやあ、ありがてえ！　アタシ以外には訳のわからないところではありますが、そんなひと言を呟いて店の中へ。

2本のカウンターがあって、カウンターに挟まれたスペースを店の人が行き来する格好になっている。店は混み合っていて、ようやく空いている席を見つけて座ろうとすると、横で飲んでいたふたり連れの男性客がこちらをジロリと見る。迷惑がられる

のかと思いきや、

「オイ、ずれろよ」

って、年長と思われる人が、一緒に飲んでる若いほうの男性に声をかけてくださる。

そしてアタシを見て、

「せっかく飲むのに、窮屈じゃねえ」

と言ってニッコリと笑う。ふたりともいい体格をしてましてね。アタシのようなヒネた仕事をしてるんじゃないってことはすぐに分かるわけですけれども、その気持ちいい笑顔にね、なんというか人柄が表れていまして、初めての土地の、初めての店で飲むアタシとしては、胸にグッと来るものがありましたよ。

それで、さっそくホッピーを頼む。すると、氷と焼酎の入ったジョッキにホッピーのボトルが出てくる。ここまではほかの店でも同じです。ところがこのお店の場合、カウンターにもう1杯、焼酎のグラスが置かれる。なんでしょう。サービスかなと思ってご主人にお伺いしましたら、

「みなさん、足りないでしょうから、用意しておくんですよ」

なるほど。最初の中身は少なめにしてあって、これもいろんなお店で見受けるわけですが、それだけじゃ、外1本全部を入れてしまうにはいかにも量が少ない。ホッピーを愛飲される皆様のことならお分かりでしょうけど、必ず中身のお代わりというこ

とになります。それを見越してこちらでは、最初から中身を用意してくださっている。でも、伝票についているわけじゃない。お客さんが中身のお代わりに手をつけた段階で勘定に含まれるという、実になんとも理屈に合った、分かりやすいシステムなんでございました。

つまみの最初は冷やしトマトとタン塩2本。店は穏やかな表情のご主人ときれいな奥さんが主に調理場を担当されていて、焼き場はうら若き女性が担当していました。

「この前はお兄さんがいたでしょ。今日はどうしたの？」

と言う常連サンに、ご主人が答える。

「今日は休みで。代わりに娘が入ってます」

なるほど娘さんですか。この人がまた別嬪《べっぴん》さんで、そういう巡り合わせになったことは、ツイているとしか言いようがない。

店内は午後7時過ぎですでに相当なにぎわい。カウンターには空席がほとんどないという状況です。ひとりでゆっくり飲んでいるオヤジさんあり、学生風のふたり連れあり、3人連れのサラリーマンもあれば、紳士然とした男性もおられる。最初に出されたた中身を注ぎ、外1本の残りをそこに足して、セットをもうひとつ。ネギのたっぷり載った生揚げとニンニク醤油を頼みます。小皿に醤油が入れてあって、そこにホクホクのニンニクが盛られているこの一品、中身4杯目のホッピーによく合いました。

お客さんはひっきりなし。人気の店だということがよく分かります。結局2時間ほどで引きあげたのですが、このお店の店名に聞き覚えがありましたんで、最後に伺いました。

「あの、国分寺にも同じ名前のお店が?」

するとと奥さんが、

「主人の姉のお店なんですよ」

とのこと。国分寺駅北口です。アタシも店の前は何度か行き来したことがあるのですが、まだ入ったことはない。豊田のお店同様、さぞや温かい雰囲気のお店なのでしょう。今度ぜひ寄ってみたいと思います。

豊田:リキホルモン
日野市多摩平2~1~10　042・583・1216
17:00~23:30　日曜休

京王八王子駅付近に立ち飲みホッピー発見

さあさあ、やって参りました**八王子**! 叫んでしまいたい。八王子ですよ八王子。訳わかりませんが興奮状態。飲み過ぎも手伝ってひとりで盛り上がり、とりあえずぐるぐると回るのですが、なかなかこれぞという雰囲気の店に行き当たりません。意外に苦労をしました。それもこれも土地鑑がまるでないからなんですが、そうこうしているうちに京王線の八王子駅の近くに、いい感じのお店を見つけました。

店名は**「めちゃらんこ」**。京王八王子駅のバスターミナルに面した立ち飲み中心の店です。店の構えを見る限り新しい。しかし、なんかこう、ホッピーを置いているような雰囲気がある。これは聞いてみないことには始まらないという感じなんですね。

そこで、店内へ入って、

「あのお、つかぬことをお伺いいたします。こちらにホッピーは？」

「はい、ありますよ」

気立ての良さそうなお姐《ねえ》さんが間髪入れずにそう答えました。やっぱり、あった。

一瞥でホッピーの有無を見抜くあたり、アタシももはやアマチュアじゃない。

何も威張ることはないんですが、嬉しかったですね。寒い夕方のことで、さっそくホッピーとおでんの大根を注文。

「当店、先払いになっております」

パブみたいじゃないですか。キャッシュ・オン・デリバリー。ホッピーのセットが400円、おでんのタネはひとつ100円で、まず500円払う。カウンターは立ち飲みで、テーブル席には椅子も用意されている。今は寒いからビニールで囲いがしてあるんですが、夏場は取っ払ってしまうから、外と一体になるそうな。気分いいでしょうね。夏にまた来てみたい。

店内には佐渡の酒蔵の写真が何枚も貼ってございます。モノクロのいい写真で、こんなのをぼんやり見ているだけでも日本酒が飲みたくなる。でもまあ、ホッピーマラソンも最終回ですから、ここで日本酒への寄り道はなしにして、ホッピーをクイクイと空けていく。中身2杯で外1本というおとなしいペースながら、晩秋のホッピーを味わうわけです。

つまみ類も、新潟直送のアジ、エイヒレ、タコのみりん干、ママカリ、カワハギなどの干物類が200円から300円と安い。

店の前をしばし行ったり来たりしていた紳士が入店し、厚焼き玉子と日本酒の冷や1杯をサッと引っ掛け、ものの10分もしないうちに出て行く姿なんか見てますとね、ひとりでも気楽に寄れる立ち飲み屋のありがたみがよく分かります。初老の男性のふたり連れも、日本酒を2杯におでんを適当につまんできれいに立ち去っていきましたね。

そうして、店からバスターミナルのほうを見ていますと、バスを待っている人の何人かが、じっとこちらを見ている。1杯飲んでいこうか、このまま帰ろうか、迷ってるんでしょうね。へへへ、ちょっといい気分ですよ。思わず手を振ってやろうかと思いました。

お店を切り盛りしていた若い女性がまた、気さくないい人でした。

「お姐さん、中身と、チクワちょうだい」

なんて馴れ馴れしく声をかけるんですが、受け答えが明るくてとても気持ちがいい。秋田県のご出身だそうで、山梨の上野原あたりの風景を見ると田舎を思い出しますなんて、いい話もしてくれる。そういう温かみがあるからなんですかね。立ち飲みなんですが、なんかこう、にわかに去りがたし、という気持ちになってくる。伺いましたら、やはり長ッ尻《ちり》になるお客さんもいらっしゃるらしい。2時間、3時間と飲んで、しまいには床に座り込んでしまう剛の者もいるという。いいじゃないですか、もう立ってらンないってね。その気持ち、よく分かります。ちょこっとだけ、のつもりが、いつしかトコトンになってる。ねえ！　他人事《ひとごと》じゃないんだコレは！

まあまあ、とにもかくにも、八王子まで来た甲斐があったというもの。すっかりいい心持ちになって店を出て、使ったお金を数えたら、1700円ぽっきり。まったくありがてえ店に巡り合ったものでございます。

八王子：めちゃらんこ→おや！福幸　座らずや（店名変更）
八王子市明神町2〜27〜6　042・645・2537
16：00〜24：00　日曜休

西八王子の名店でホレソレ話

ついに八王子を越えたホッピーマラソン。残すはあと2駅です。マラソンなら40キロ地点でしょうが、こうなればもうスパートをかけるしかない。豊田、八王子と連日走ったワタクシ、翌日もきつい身体にムチ打って**西八王子**へ向かいます。仕事場からの交通費は片道890円！

この駅は高校時代に、サッカー部の練習試合に行くために一度だけ降りたことがある。北口のターミナルからバスに乗ったと記憶していますが、そのせいか、北口に飲み屋街はないと勝手に決め込んで南口に出ました。しかし、どうにも見当たらない。何軒かの店の空き瓶のケースを調べたり覗き見したりするのですが、ホッピーがない。ウロウロしまして結局は北口へ回り込み、甲州街道を西へと向かう。古いもつ焼き屋風の店があったのですが、扉には「当分の間、休みます」と貼り紙がしてあった。

ついに店を発見できないという事態に遭遇するのかと絶望しかけたとき、甲州街道沿いに赤提灯を発見いたしました。

近づいてみると「ホルモン、炭火」と書いてある。店名は**「祭」**。そして、店の外壁に貼られている一見真っ白に見えるステッカーに目を凝らせば、ホッピーの文字が微《かす》かに読み取れたのです。

店内は調理場に向かう形でカウンターがあり、その背後に小上がり、奥にはお座敷もある。座敷の窓は木枠で渋い雰囲気、それも取って付けたような俄《にわ》か作りではございません。

先客は小上がりと座敷に男女ふたり連れが3組、カウンターには女性のふたり連れがひと組。いずれも今年40になったアタシから見て兄さん姉さんというお年頃の人々、和《わ》気《き》藹《あい》々《あい》と飲んでます。

アタシも小上がりで胡座《あぐら》をかいて、ホッピーとナムルを注文。焼肉を注文すると、炭火のコンロが卓上に運ばれてきて、その熱が顔を火照らすのですが、かえって気持ちがいい。ホッピーマラソンも31駅目にして初の焼肉屋さんなのですが、ホッピーとの相性はたいへんよろしい。レモンを絞った小皿に炭火で焼いたタン塩を付けては口に運ぶ。うまい。ホッピーはすぐさまお代わりです。

見ればお客さん同士は顔見知りのご様子。初めてのアタシはちょっとばかり緊張していたのですが、そんな心配は無用でした。

聞き耳を立てていたわけではないのですが、自然と会話が耳に入ってきます。カウンターのお姉さんが、芸能人の名前が思い出せなくて苦労されてます。それに、小上がりにいた旦那サンとその奥方と思われる人が答えているわけです。

「あのさ、アレ、誰だっけ。ホラ、南野陽子と噂があった男」

「長門裕之」

「それは南田洋子の亭主でしょ。もっと若い人。ほら、人数の多いグループの歌手よ」

「チェッカーズ!」

「ああ、そのくらいの年頃の」

「マヒナスターズ?」

「ンなわけないでしょ! だからさ、もっと若くてさ、ホレ、ちょっとホストみたいな、いい男よ」

「分かった、仕置き人だ」

「京本政樹!」

アタシ思わずプッと吹きました。するとカウンターにいたもうひとりのお姉さんのお客さんがこっちを見て、お客さん、知ってる?

「米米クラブでしょ」

「そおおおお! なあんで分かるの~!」

って、ねえ。分かりますよ。

話題は変わり、バイクの話。どうやら店のご主人とカウンターのお姉さんたちはツーリングのお仲間のようで、今度はどこそこへ行くというのですが、そこでまたホレソレ話。

えーとね、山梨と静岡の間あたりのさ、ホラ、なんだっけ？　山の中の温泉で、ホラ、道で言うと本栖湖からずっと下っていく、えーと、そうだ、ミノベ！　ミノベよ。あれ？　なんか違うな、ミノベじゃない、マスター！

そこでご主人、地図帳を取り出して調べ始めたので、アタシ、またニタニタしてましたら、お客さん、知ってる？　と来た。

「下部温泉ですか」

「そおおお！　なあんで分かるの〜」

分かりますって。身延《みのぶ》と下部《しもべ》がごっちゃになっちゃったらしい。

そうこうしているうちに、さっきまでやや緊張していたのがウソみたいに楽しくなりまして、ホッピーを次々にお代わりです。つまみもいろいろ頼みたいのですが、ひとりのことで、なかなか思うままにできない。それで先刻マヒナスターズとご発言なさった旦那サンが食べているジャガイモをこちらも注文。薄切りのジャガイモにコショウ（塩も？）が振ってあるだけなんですが、これを網で焼いて食べると絶妙で、常連サンたちの会話の楽しさにも乗せられて、5杯ほどのホッピーを飲みました。

今度はぜひ、テールスープもいただきたい。楽しい一夜になりました。

西八王子：祭
八王子市千人町2〜19〜12　042・664・1732
16：30〜24：00　火曜休

終着駅高尾にて美人女将に感謝！

競技場に入って参りました。もうこれがホントのラストスパート。高尾駅周辺での店探しには困難が予想されましたから、最終日のアタシは明るいうちから高尾へ到着。周辺を見て回り、1軒の店に目星を付けた。ステッカーもケースもない。ただ、店の佇まいだけが頼りなので、店が開くまで待つことになりました。北口駅前の蕎麦屋さんでビールにおでん、日本酒で身体を温め、蕎麦をたぐっていざ、出陣でございます。

ところは甲州街道沿い。店名は「**たぬき**」。縄のれんの渋い店構えです。頼むよ、ホッピー置いてろよ、と念じながら店に入り素早く見回すと、ありました、ホッピーの瓶が！

店内は掘り炬燵《ごたつ》風のカウンター席があり、靴を脱いで上がります。

「寒かったらストーブつけましょうか」

見れば、美人のオカミさん。咄嗟《とっさ》に、

「いえ、自分は、寒くないッスから」

ホントは寒かった。でも美人相手ですから寒いなんて言ってられない。

「外で働いている人は寒くないんだよ」

先客の旦那サンが女将《おかみ》さんに言う。

アタシこの日は作業服風のジャンパーを着てましたから、そう見えないこともない。だから、ヒネた仕事をしているもんで、なんて言わない。これ幸いとばかりに外で働く強い男になりすますのです。

お刺身のお通しとホッピーが出てくる。そこにもつ焼きとトマトを注文。さっそく飲み始めます。するとしばらくしてもうひとりの旦那サンがやってきた。この人がすごい。座るなり一升瓶片手にグイグイと呷《あお》る。

「仕事の後の1杯は最高だな」

そう言って2杯、3杯。あっという間の出来事です。どこそこの現場の話、日帰り温泉施設の話、朴訥《ぼくとつ》とした語り口ながら話はおもしろく、周りを飽きさせない。男ですよ。

それでこちらも、感心しているだけではなくて、だんだん対抗心が芽生えてきます。

「オカミさん、お代わりを」

弱り気味どころかラストスパートでヘロヘロなのに、いつにないペースでお代わり

を所望する。オカミさんがまた、

「お強いんですね」

なんて言うもんだからアナタ、調子に乗っちまうんだなアタシは！　顔色ひとつ変えずに、久々の酒を味わい尽くす風情を気取り、

「オカミさん、これを」

なんか言って次々にホッピーを流し込む。

そこへ樹木医というか桜守というか伝来の樹木の品種を守るお仕事をされているという旦那サンも登場。この人がまた、勝手知ったる我が家のごとき気軽さで冷蔵庫からビールを次々に取り出して4本飲み。大瓶ですぜ！

これじゃ、いつまでも強い男を気取ってらンない。4杯目には怪しくなってきて、

「ママ、ホッピー、もうひとつくださいな」

もうグダグダ。ホッピーマラソンのことやらなんやらベラベラと喋る喋る。ちっとも渋くない。それでまたまたお代わりを頼むと、オカミさん、もう止しなさいよという風情で、

「ホント、強いのねえ」

って。アタシはまた嬉しくなって、いやあ、ぼかぁね、強かないんですよお、なんか言う。結局ベロベロ。

店を出て、ホッピーマラソンの最後にこんなにいい店に出会えた幸運を心から喜びながら、高尾駅へ向かいます。

甲州街道はまっすぐなのに、アタシはもうどうしたってまっすぐ歩けない。なんだ、なんだこりゃと思いながら直進してるつもりでどんどん斜めに歩いていき、とうとうイチョウの大木に激突、その場にへたり込んだ。

さらばホッピー！　アタシャもう、飲めませんって！

中央線で行く東京横断ホッピーマラソン、このへんでお開きです。

完走記念ひとり打ち上げ

さらばホッピーマラソン！
いや〜よく走った、
よく飲んだもんだなぁ

ホッピーマラソンを完走した。
いやぁー、終わりました。おう、お疲れさん、よくやったもんですねえ！　おめでとうございます！　お前はエライわ！　そんな祝福と労《ねぎら》いの言葉を浴びながらひたすら照れる図を想像していた私がバカだった。

本編最終回の原稿を入れ終えた後、私が待ち望んだ慰労の宴は、ついに開催されなかった。第4号の締め切りに追われるスタッフ一同、それどころではなかったのである。

ただひとりヒマにしていたカメラのSさんに、お疲れさん対談をしましょうと持ちかけると、おう、そうしようじゃねえかとか言いながら、Sさんは約束の晩、某女性と飲みに行ってしまった。ひどい。

そこで、涙、涙のひとり打ち上げである。場所は西荻窪にある「串の家ちょろ」。第2区で寄ったこの店は、中央線全32駅の中でももっとも大量にホッピーを飲んだ店だ。何しろ、取材前日に下見で飲み、その後2日間を要した取材では、そのたびに4、5杯のホッピーを流し込んだのだ。

店の戸を開けると、焼き場に立っていた大将が、

「いやあオータケさん、久しぶり」

と声をかけてくれる。奥のテーブルに座るや、今度は女将さんがオシボリを出しながら、

「お久しぶりね、オータケさん」

と、やはり名前を呼んでくださる。常連のひとりに加えてもらったようでなんとも嬉しい。やはり、ここへ来て良かった。この店なら、マラソンの完走を労ってくれるだろう。いや、誉めてくれるかもしれない。

カウンターが空いたので席を移動し、大将の目の前に座る。さてと、と襟を正し、

「大将、マラソン終わりました」

「ン？　マラソン？」

「いや、あの高尾までホッピーを」

「あ、あれね。そう、ご苦労さん」

話は終わった。

いいのだ、これでいいのだと自分に言い聞かせながら私は、文字通りのひとり打ち上げを開始した。飲むのはもちろんホッピー。このマラソンが終わったらもうホッピーは飲むまいと思ったものの、居酒屋風の店に入ると即座にホッピーと発声するクセがなかなか治らない。習性になってしまっている。

つまみは、口の中で甘くとろける豚肉の串焼きを塩で2本、ギンナンのバター焼き、マカロニのサラダ。ぱっと見では変哲もないが、この店のつまみには間違いがない。

ホッピーをぐびりと飲む。あの店、この店、次々に思い出す。中には、そこで飲み過ぎたことが原因で記憶が薄れている店もある。東京駅八重洲口でスタートしたのは平成14年の5月。以来ほぼ1年半をかけて中央線全駅で下車し、ホッピーを飲んできた。

それにしてもよく飲んだ、と思う。思いながら中身をお代わりする。いったいどのくらい飲んだのだろう。1軒につきジョッキのホッピーを5杯飲むという目標はほぼ達成されたと思う。ということは全32駅で、トータル160杯。ホッピーの中身2杯につき外を1本頼んだとするとホッピーそのもののトータルは80本。これを並べてつなげると、1本のボトルの長さを仮に15センチとするならば、ええっと、1200センチだから、おお、12メートル！

ってなことを考える。考えながらまたまた中身のお代わりをする。

では中身の焼酎はどれほど飲んだか。この店では100ml＋αの焼酎を入れると前に聞いたことがある。そういえば、ジョッキの8分目くらいまで中身が入っているホッピーにも、マラソンの途中では何度も出会った。逆に中身は控えめという店もあった。それなら仮に1杯の中身を100㎖として計算してみようか。100㎖×160杯で1万6000㎖。ってえことは、1升が1800㎖だから、1万6000÷1800は、ティッシュを取り出して計算すると、おお、なんと8・88。つまり、焼酎9升弱。ああ！　具合が悪くなるはずである。思い返しただけで泥酔状態に陥りそうだ。中身4杯目をもらう。ヤケクソという感じになってきた。

「高尾まで何駅あるの？」

と、聞かれたような気がした。声の主は大将なのか、それとも自問自答なのか。

「32駅です。距離を調べてみたら53キロありました」

「へえ！　じゃ、ホントのマラソンより長いんだね。たいへんだったね」

出た。労いのそのひと言を、私は待っていたのだ。

「そりゃもう。何せ、全部の駅で降りて店を探してホッピー飲んで写真を撮っていくわけですよ。ね？　全部の駅で降りるんですからね、そりゃもうキツイなんてもんじゃ……」

声の主は、私の話を遮《さえぎ》った。

「中央特快なら早かったのに」

あっ、と叫んで私は箸を落とした。

なるほどねえ。中央特快ねえ。その手があったか。快速よりさらに速いこの電車なら、新宿、中野、三鷹、国分寺、立川って、一足飛びなのだ。それに気づかず各駅停車を選んだ私は、なんだったのか。

私は、ひとり寂しく店を出た。するとそこへ、編集WクンとY子ちゃんがやってきたではないか。Y子ちゃん、折り畳み傘をマイクに見立て、

「見事ホッピーマラソンを完走しましたオータケ選手です。おめでとうございます」

と西荻窪の細い路地でヒーローインタビューを開始。ロごもる私を制して、「W監督、オータケ選手の走りはいかがでしたか？」

とWクンにマイク、いや、傘を向ける。Wクンがまた、

「う〜ん、オーちゃん、最後ちょっとバテちゃったかなあ」

だって。うるさいってんだよ。

Y子ちゃん続けて、

「監督、今後のレース予定は？」

「京浜東北線とか京王線とかいろいろあるねえ」

ときたもんだ。

イヤだっての、もう！

第2部

今度は京王線だよ!
帰ってくるホッピーマラソン

京王線26駅

高尾
狭間
めじろ台
山田
京王片倉
北野
長沼
平山城址公園
南平
高幡不動
百草園
聖蹟桜ヶ丘
中河原
分倍河原
府中
東府中

多磨霊園
武蔵野台
飛田給
西調布
調布
布田
国領
柴崎
つつじヶ丘
仙川

第5区

鼻水も凍てつく高尾～平山城址公園編

京王線で帰る珍企画。すべては勢いのなせるワザ

いかがでしたでしょうか。「中央線で行く東京横断ホッピーマラソン」。走りましたねえ、延々と。ねえ。よく走った。よく飲んだ。もう、飲みたくない。イヤだよ、もう、本当に。

けれどもね、中央線で高尾まで走り終えましたとき、「よくやった、アンタは偉い」と誉められるもんだとばかり期待したアタシがバカでしたよ。『酒とつまみ』編集部一同は間髪入れずにこう言ったもんです。

――さあ、今度は帰っておいで――。

帰りは京王線だ。そう、高尾駅からひとつずつ、京王線全駅で降りてホッピーを飲める店を探し、そこでゴクゴク飲むという企画。題しまして「帰ってくるホッピーマラソン」。中央線をひた走った連載分とは別に、もういっちょ走ってみようってことなんですが、バカだよ。どうにも。

なんでこんなことになったのか。すべてはこれ、勢いのなせるワザなんです。行ったからには帰っておいでってね。ああ、そうかい、帰って来てやろうじゃねえか、と叫んじまうのが勢い。もうひとつ、せっかく中央線32駅全部で降りてホッピーを飲む

という酔狂な企画を完遂した以上は、なんかこう、雑誌連載だけで終わらせるのはもったいない。そうだ。これを本にしようじゃねえか。おう、そうともよ。本だ本だ単行本だと再び叫ぶのもまた勢いだ。

ねえ、勢いは恐い。でもね、たいてい酒飲みのヨタ話というのは、いくら威勢はよくても、いくら勢いがあっても、ここいらでピタッと止まるもんですよ。だいたい、単行本にするったって、出版社のアテもなけりゃ、金もありゃあしないんだ。

ところが、日夜ガブ飲みしている『酒とつまみ』編集部の面々は本当に恐ろしいよ。ここでヨタを止めるどころか、いよいよ酒が回って、

「創刊号からの連載企画だあ、自腹で出版しなくてどーする！」

「おお！　そうだそうだ、よく言った、アンタはエライ！　自腹出版でいこう！」

なんか叫んじまう。そして、こういう威勢のいい話が出たときにもっとも盛り上がるのが、普段は威勢のよくないこのアタシなんでございます。雑誌の発行は滞るくせに、こういうときの決定は速い。迅速な意思決定だ。うーん、そうじゃない。ただの勢い。それも、大量の酒に酔った挙句の後先考えない勢いです。

「とにかく単行本よ、それが心意気ってもんだ！」

「そうだー！」

誰も反対しないんだな、これが。

ってなことで、ボーナストラック。何も英語で言うこたあないんですが、ボーナストラック。なんかこう、ボーナスってぇと、得した気になる。だからボーナストラック。しつこいよ、どうも。

実はね、なんのこたあないんですが、中央線の連載分だけでは、一冊の本にするには分量が足りないんだ。それにねえ、単行本にするったって、創刊号から第4号までを読んでくださっている方々にとっちゃ、もう読んでるわけですから、そのまま一冊にされたっておもしろくもおかしくもないでしょ。だから、ボーナストラック。中身があるかどうかは別として、分量だけはあるボーナストラックを掲載することになったわけでございます。

ということで、京王線で帰ってくるホッピーマラソンのスタートは高尾です。そこから都内へ向けてまたまたひと駅ずつ下車してはホッピーの飲める店を探し歩くわけですが、これまた最後まで、お付き合いのほど、どうぞお願い申し上げます。

1月の高尾は寒いよ。スタート直前にひるむ

えー、まずは京王線を説明しなくちゃなりませんね。沿線に住んだことのある人ならある程度はご存知でしょうけれども、西のほうへ行くとなると、どんな駅があるか、

定かではないはずです。この鉄道は、新宿から杉並区、世田谷区、調布市などを通ってずずーっと八王子のほうまで伸びている。その終点が高尾山口という駅で、そのひとつ前が、JR中央線と連絡している京王線の高尾駅。そこから都心部へと向かって帰ってくるわけですが、さて途中にはどんな駅があるのでしょうか。

ざっと並べてみますと、高尾、狭間、めじろ台、山田、京王片倉、北野、長沼、平山城址公園、南平、高幡不動、百草園、聖蹟桜ヶ丘、中河原、分倍河原、府中、東府中、多磨霊園、武蔵野台、飛田給、西調布、調布、……、えー、もう20駅を超えてしまう。

私鉄はJRに比べて駅の間隔が短く、その分だけ駅数が多い。つまり、各駅で下車してホッピーを飲むとなると、なかなかに手ごわいわけで、2005年の1月6日、**高尾**駅に降り立ったアタシは、駅に掲示してある路線図を見ながら早くも軽い眩暈《めまい》を感じたのであります。

それにつけてもねえ、正月ですよ、正月。めでたいよ、まだ、6日ごろというのは。世間ではお勤めも始まる頃合なんでしょうが、まだそこは正月ボケというか、ちょっとゆったりした気分が残っている。そんなときに、ホッピーマラソンをスタートするってんですよ。風流だねえ、どうにも風流だ。いや、風流すぎるぞ、これは！

そこまで熱くなるほどの話じゃないんですが、風流すぎる！　と力みながらもアタシは眩暈がおさまらなかった。その理由はといいますと、これがね、寒さですよ。寒さ。

アタシは生まれも育ちも三鷹ですが、三鷹だって都心に比べりゃあ冬は寒い。そう、東京の場合、西へ行くほど寒くなる。三鷹より武蔵境、武蔵境より東小金井、東小金井よりは武蔵小金井のほうがちょっとだけ寒い。

そういうことはないんですが、三鷹より八王子が寒いのは事実。しかも高尾は、八王子市の中でも西に位置し、すぐそばに高尾山がある。その高尾山を登って峠を越えていくというと、神奈川県は相模湖へ降りていけるという土地であります。だから、寒いんだ。

そんな折、スタートしたのが「京王線で帰ってくるホッピーマラソン」。京王線からJRへ向かう橋を渡り、北口の改札口を出たアタシは息を大きく吸い込みました。いよいよ、スタートです。長い長いマラソンが始まる。アタシの胸の中には、冷たい冷たい風が満ちてくる。おお、高尾の空気はうまい。でも冷たい。こんな寒い日にホッピーを飲むって、どうなんでしょうかねえ!

いよいよ本当のスタート。思い出のあの店へ〔高尾〕

さあ、いよいよ本当のスタートとなって目指しましたのが、「**たぬき**」という店。あの お店へ再び伺うんでございます。

中央線で行くホッピーマラソンの最終地点。4回に分けた連載の大団円を迎えた、あのお店へ再び伺うんでございます。

せっかく京王線にするんだから店も別のところを探せよって？　冗談じゃない。高尾ならココって、最初から決めていた。そう、素敵なオカミさんがいますからねえ。当たり前なんだ。

ええ、ここから京王線で帰ってくる逆走バージョンが始まるわけです。思えば、もう1年ぶりですよ。中央線版の最終回が『酒とつまみ』第4号に掲載されたのが2004年の1月。その完成した本を届けに行って以来のことですからね。あっという間に1年が経過していた。

なんかねえ、こう、緊張しますよ。前に書かせてもらった原稿が常連さんの間で非常に評判が悪いとか、それがもとでオカミさんがもう完全に頭に来てしまっているとか、そんな事態だって考えられるわけですから、ちょっとは恐い。でもまあ、そんなことを言っていても始まらないから、ここはひとつ、ない勇気を振り絞って店へと入る。

オカミさん、誰？　という顔をして、それから、あ、いらっしゃい、ってね。思い出してくだすった。ありがてえなあ。気を良くしましてさっそく靴を脱いで店へと上がり、掘り炬燵式になっているカウンターにつく。背後には石油ファンヒーターが2台。腰のあたりにちょうどいい温風が当たる仕掛けだ。灯油のツンとした匂いと店の中の温かさが懐かしいような感じで、なんかこう、急速に、嬉しくなってしまう。

「ホッピーください」

オカミさんが焼酎の準備をしている。その間に、

「ホッピー、出しますよ」

とひと声かけて、店の入り口近くにある冷蔵庫からホッピーのボトルを出す。

「あ、すいません!」

「いえ、まあ、そんなこたあ」

勝手知ったるもんですから、ってな軽口を飲み込んで、焼酎を待ち、たっぷり入った焼酎が来るというと、そこにホッピーをドボドボと注ぐ。オカミさんが覚えていてくれたことで、すでに相当に気分が上ずってますからね。この寒い夜に高尾でホッピーかよ、というような悲観的な感覚というものはとっくに失せてしまっておりまして、逆走版ホッピーマラソンの最初の1杯を、アタシは、ゴクリと喉で音をさせて飲んだ。うまいねえ。真冬のホッピーってのも、いいもんだよねえ。思えば去年、まったく同じことを思っていたのだから、まあ進歩がないというか学習機能が破壊されているというか。

そんなことはどうでもいいんだ。

「今日は？　お仕事ですか？」

オカミさんが聞きますよ。

「お仕事ってぇ、わけじゃ」

なんか口ごもりながら、昨年お世話になりましたホッピーの記事をちゃんとした本にしようと思い、ついては原稿の分量も不足していることでもあるし、はたまた連載分だけをまとめて本にしたんじゃ読んでくださる方がいらっしゃったとして実になんともサービス精神に欠ける。だからここはひとつ、京王線でもって高尾から都内へ向けて新たなホッピーマラソンを走ることにしたんですと、まあ、ニヤニヤと事情を説明した。

常連さんも覚えてた我らが『酒とつまみ』

「ははははは」

オカミさん、アタシの話を聞いて笑ってくれた。

幸先がいいよ、本当に。

すると、奥にいて、その会話を聞いていた常連さんと思われる先客がポツリと言ったんです。

「あ、この人、あのホッピー雑誌の？」

ホッピー雑誌じゃない、『酒とつまみ』って思いながらも、アタシは頭を上下に振って、そうっす、あれです、と態度で表している。自分の雑誌の名前くらいちゃんと訂正したらいいじゃねえかとおっしゃる向きもおありでしょうが、なに、そんなことはどうでもいいんです。1年も前にお渡ししたミニコミ雑誌を、この店で手に取ってくださったと思われる常連さんが覚えていてくれたこと自体が、何より嬉しい。これで興に乗りましたねえ。

ホッピーをグビグビと飲む。つまみは、おでん。具をてんこ盛りにした鍋とコンロをカウンターに置いて、いつまでも温かいおでんを食べながらホッピーをグイグイと飲む。たちまち中身のお代わりだ。

すると、アタシの隣にいらっしゃった、やはり常連さんと思《おぼ》しき人が、ホッピー雑誌って何よ、という表情をアタシに向けたから、持参した『酒とつまみ』第4号を手渡した。

「へえ、それで、これから、京王線をやるの？」

常連さんは、パラパラとページを繰《く》っています。こういうとき、弱気なアタシはひたすら気を揉みますね。け、つまんねえなあ、という素振りで雑誌を突っ返されたらどうしようって、そんなことを考える。

すると常連さん、本当にパラパラって見ただけで、雑誌をカウンターに置いた。

ああ。この人にはちっともおもしろくねえんだと、アタシは途端にしょげ返る。しかし常連さんはこう続けたんですよ。

「あのね、俺は文字は読まねえの」

「文字は読まねえけど、高尾から京王線沿いに行くんなら、俺が一緒に行こうか。ははは！」

嬉しいなあ。ありがたいねえ。常連さんは奥にいたもうひとりの常連さんに、あの道のどこそこに1軒あるだろ、とか、めじろ台ならあの辺に行きゃいいんじゃないか、とか、さっそくホッピーの飲める店について話しかけているんです。これは、嬉しい。初めて会う人と一気に打ち解けて、酒がぐんとうまくなる。大袈裟ですけど、そういう出会いが嬉しい。

こんな出会いだって、ホッピーマラソンなんてバカなことやってるからこそなんでしょ？　妙にスカして飲んでたら、こうはいかないですよ。バカなことやって、それがバカを気取るんじゃなく、アタシのようなホントのバカが飲んではしゃいで、しゃべって嬉しくなってまた飲む。だから楽しい。だから出会いがあるんだって、なんかエラく大袈裟な気分になってしまうんでございます。

この晩は、常連さんが差し入れたお餅のご相伴にもあずかりました。うまい餅でねえ。餅を食いながらホッピーを飲んだのは初めてだけど、あれは、うまかったなあ。

高尾：たぬき　閉店

常連比率9割以上か。それでも果敢にホッピーを〔狭間〕

腹いっぱい。ホッピーも、そうさねえ、通称「外」と呼ばれるホッピーそのものを2本飲んだから、通称で言うところの「中」、これは焼酎のことですが、これを6杯飲んだか……。中が3杯で外が1本くらいの割合で割るのはアタシの中では少し軽めの飲み方。でも、中6杯ですから、結構飲みましたねえ。もう少し度を越すと危ない頃合なんですけれども、ここで店を出ました。

外は寒風が吹いているけれども、心身ともに温まりましてアタシは妙に元気でした。勢いがある。だから、高尾駅で帰りの切符を買うとき、最少額のボタンを押したんです。そう、今夜のうちに隣駅も攻略してしまおうという魂胆です。

隣駅の名前は**狭間**。JRとの連絡駅である高尾と、急行も停車するめじろ台との間にあるからか、その名も狭間。各駅停車しか停まらない小さな駅です。

降りてみて驚いた。あれえ、飲み屋街がどこにもないじゃないの。どんな小さな駅でも、たとえほんの2、3軒であっても、飲み屋街と呼びたくなる街角というのは不思議なほどあるものですが、ここには見当たらない。でっかいスーパーはあるけれど、スーパーに用はない。困ってしまって少しばかり歩いてみるんですが、これがどうにも、見当たりそうにない。逆走版ホッピーマラソンはスタート直後の2駅目にして最初の挫折を味わうのかと思いました。

　と、そのとき。1軒の酒屋さんを見つけました。飲み屋さんじゃなく、普通の酒販店です。ここでホッピーを飲めるわけではないけれど、なんとなく店に入り、ビールのあるコーナーへ行ってみると、ホッピーが確かにある。ここでアタシはひらめいた。

　レジのところへ引き返してご主人に訊きます。

「あの、つかぬことをお伺いしますが、このあたりにホッピーを置いている飲み屋さんの心当たりはございませんか？」

「ホッピー？　あのホッピー？」

　ご主人は怪訝な面持ちでアタシを見る。この寒空に、ホッピーの飲める店を探す中年男。アタシのことですが、よほど不気味だったんじゃないでしょうかね。

「はい、あの、ホッピーです」

　アタシは努めて明るく申し上げる。すると、しばらく考え込んでいたご主人が、

「ああ、1軒あるよ。ウチからも一度入れたことがある。きっとホッピーの好きなお

客さんがいるんでしょう」

訊いてみるもんです。なんでも訊いてみるもんです。アタシはさっそく、教えられた道をたどっていきました。

店の名前は「杏」。午後9時を過ぎていました。店の中は混んでいて、アタシはカウンターの一番手前の席についた。店はにぎわっています。カウンターの中に女性がふたり。カウンターの上には惣菜の大皿なども並び、酒肴《しゅこう》が充実している感じ。いいお店です。

けれども、初めての店というのはやはり緊張するもので、それも、カウンターにいるひとり客やふたり連れのお客さん同士が会話を交わしているところから察して、常連比率は9割に上るのではないかと推察しました。そう、残りの1割がアタシです。正月6日という時期の関係もあるかもしれません。

さあ、初めての店での最初の注文です。品書きにホッピーの文字はないのですが、お飲み物は?　のひと言に意を決して答え、

「ホッピーください」

言ってみる。置いてないんですよとか、品切れです、という答えを覚悟のうえでの注文ですが、ありました。ホッピー、ありましたねえ。なんとも幸せな気分です。

ここのホッピーはママさんが大きめのタンブラーに作ってくれる。濃さ薄さの按配

は自分ではできないのですが、ちょうどいい加減でたいへんおいしい。つまみには、ジャガイモとひき肉の煮っころがしを注文。程よい味の一品をつつきながら、こちらのお店ではホッピーを2杯、いただきました。

中年の男女ふたり連れがにぎやかに談笑し、若い男性のひとり客がママさんに正月中の報告をし、初老の男性がひとり静かに飲んでいたりする。みんな楽しそうに飲み、食べ、ときにカラオケに興じる。その誰ひとり知らないイチゲンのアタシも、程なく気分をほぐされて、もう何度も来ている店で飲んでいるときのような居心地の良さを味わいました。

帰りがけ。今夜訪ねてきた理由を話し、いつ出るかは定かではない「ホッピー本」に今夜のことを書かせてほしいとママさんに告げました。常連客でにぎわうお店のことです。ホッピーを飲みに来たイチゲンさんにテキトーなことを書かれてはたまらないと思われても当然です。だから、やはりここでも、アタシはちょっとばかり緊張する。それでもママさん、とてもいい人で、間髪入れずに快諾してくださいました。これもまた、ありがたい限りです。またいつか、京王線の狭間駅に降りることがあったら、立ち寄らせていただきたいと思います。

正月6日に始まった京王線版ホッピーマラソンは、こうして快調なスタートを切ったのであります。

狭間：杏
八王子市狭間町1451　042・665・9845
17：00〜翌1：00　日曜休

またまた酒屋さんのお世話になって〔めじろ台〕

次に参りましたのが、めじろ台駅です。スタートから2週間ほど経った日のことでございます。比較的大きな駅で、降りてみてまず思ったのは、ここなら大丈夫だろうなということでした。

ところが、ここでも苦戦を強いられました。飲み屋さんはあるんです。あるんですが、ホッピーの幟もステッカーも見つからない。何軒かのお店では、ガラス窓越しに覗き込んで、壁に貼ってある酒のメニューなども点検してみるんですが、ホッピーがない。ここなら置いているかもしれないなと思える店に片っ端から入って訊くという手もあるのですが、どうもそこまでの勇気が出ない。街全体が整備されていて、それがかえって、こちらの気合を殺《そ》ぐという感じもありました。少しばかりごちゃごちゃっとした街のほうが、アタシは気持ちが楽なんです。

それにね。ホッピーの工場はたしか調布から程近いところにあるんです。だから、京王線の沿線で、しかもそこそこに大きな駅の周辺であれば、ホッピーの飲める店はわりに簡単に見つかるはずだという読みもあった。

浅はかでしたね。アタシが勝手に思い込んでいただけで、読み、なんてエラそうなもんじゃなかった。結局ウロウロと駅前を1周、2周して、まだ見つからない。

そこで思い出したのが、前駅・狭間でのこと。近くの酒屋さんに訊くわけです。それで、1軒の酒屋さんに入り、ただ訊くだけでは申し訳なかろうという前駅時点では思いつかなかった気配りもして、まずは地酒の4合瓶を1本求め、レジでお金を払いながら、

「あの、つかぬことを……」

とやった。

結果はどうか。

「そこの角曲がった先のラーメン屋さんならホッピーを置いてるよ」

ははあー。訊いてみるもんですよ、やっぱり。この方法、頼りになります。

ンで、教えられた道を歩くわけですが、まあこのときは、ラーメン屋さんに本当にホッピーがあるのか半信半疑。でもね、しばらく行って店を発見したときには、ああ、そうかって思いました。

ラーメン屋さんです。ラーメン屋さんですが、店の入り口の横に焼き台がある。そ

こで焼鳥を焼いている。モモ、ネギマ、ナンコツ、レバー、シロなんかを焼いているんですよ。なるほどここならばと思って店へ入り、勢いよく注文します。

「ギョウザと、ホッピー」

「はいよ」

いいですねえ。ラーメン屋さんにホッピーがある。知らなかったですよ、このパターン。だから、たいへん嬉しい。ホッピーが運ばれてくる。それをさっそくグビリとやりながら品書きを見ると、これがまた嬉しいですよ。

ラーメンに半チャーハン、漬物、サラダを追加する満腹セットAは、ラーメンの値段にわずかに150円追加するだけ。さば味噌定食や生姜焼き定食が700円。ギョウザは300円で、冬場だけのメニューでしょうか、湯豆腐などもあって、これが400円。中でもいいのは学生ラーメン。500円で麺がふた玉入ってる。

ね、いいですよ。お安い。それに、ギョウザもうまかった。ギョウザとホッピーが合うかって問題については、ギョウザがビールのつまみにも、焼酎のつまみにもなることを思い起こしていただければ、答えは出たようなものではないでしょうか。表面がカリカリに焼けたアツアツのギョウザを口に放り込みながら飲むホッピーは格別でしたね。

買い物帰りのご婦人が焼き台の前に来れば、ご主人は焼き場に立って焼鳥を焼く。

ラーメン屋さんなのに、珍しいですねと訊けば、

「これが評判いいんですよ」

と静かに答える。電話が入り、しばらく厨房へ姿を消していたかと思えば、ご主人、今度は自転車で出前にも行く。

奥様なのかな。カウンターで酒を飲んでいる男性客の話を親切に聞いてあげる女性もいらっしゃって、お客さんのほうも楽しそうです。ちょっと聞き耳を立てていたら、3連単だよ、7万だよ、なんて景気のいい話が耳に飛び込んできました。土曜日に競馬をした帰りなんでしょうかね。2、3杯飲んで、好きなものを食べて、飲みながら食べながら競馬新聞を見て明日のレースを検討する。時刻は夕方、そろそろ暮れかかるころ。自由で、誰にも邪魔されない時間に、ホッピーの飲めるラーメン屋さんはとても似つかわしく思えました。そうそう、お店の名前は**「ラーメン大番」**です。

めじろ台：ラーメン大番　閉店

山田駅にて名店発見。序盤の走りは快調です

ギョウザ・ホッピーはうまかったねえ。外1本で中2杯という薄めのホッピーと焼きギョウザの組み合わせのおいしさに、すっかり気を良くしたから、足は自然と次な

る駅を目指します。めじろ台駅で、路線図を見る。めじろ台の隣は、山田という駅です。山の中なんでしょうかねえ。各駅停車のみ停まる小駅のこと、ちょっと不安でしたが、改札を出て呆然としました。

道が1本、すーっと横に走っている。ロータリーもなければ、酒場と思しき灯りも見えない。暗くて、寒い。さて、右へ行くべきか左へ行くべきか。このあたりは、いつものことながら単なる勘で動くわけですが、このときは右へ行った。理由なんかない。

でも、これ、当たりでした。駅改札を右へ出てすぐ、改札近くからは見えなかったところにのれんを発見。「焼鶏屋」と書いてある。あまりにもストレートなネーミングに心を打たれましたね。それでもって、さっそく店の扉を開けてみる。おお！

誰もいない。時間が早いですからお客さんがいらっしゃらないのはなんの不思議もないのですが、店の人もいない。店はカウンターとテーブル席に分かれているのですが、テーブルのほうにはフタがついている。これを開けると鉄板があるのかな。焼肉屋さんというのでもないし、不思議な感じですよ。それに、カウンター席に並んでいる椅子のいくつかは、どこかの会社で使っていたような背もたれ付きのオフィス仕様。ますます不思議。

「すいませーん！」

声をかけますが、返事はない。勝手に奥へと進んで参りますと、奥のテーブルの上がまたユニークで、そこには調味料やら酒、割り物のレモンサワーやらがずらりと並んでいました。

あ、あった。思わず心の中で叫びましたのは、そこにホッピーのボトルを発見したからです。勢いを得まして、

「す、す、すいまっせーん！」

大声で呼んでみる。と、ここで、お店の主が登場されました。長身痩軀《ちょうしんそうく》。『傷だらけの天使』のタツミさん（俳優の岸田森さん）にちょっと似ている感じ。はじめに来訪理由を申し述べますと、

「そう、ゆっくり飲んでいってください」

と言って笑う。

このお店にはちょっと驚かされることが多かったですね。ネギマを頼むと、ご主人はそこで初めてスルスルっとネギの薄皮を剝き始めたんですよ。品書きにも価格が入っていません。そのへんのところ、伺ってみますとね、こういうことなんです。

値段は決めてない。鶏肉を切るにしても、その日によって大きさは少しずつ違うし、ネギマの場合、ネギの大きさは鶏肉の大きさに合わせる。だからいつも同じ値段じゃない、というわけですよ。逆に言えば、ネギの太さなんてのもネギによって微妙に違

うわけですから、それに合わせて鶏肉の大きさを決めるなら、やはり、そこには微妙な違いが生まれる。だから、いつも同じ値段じゃない、ってなことにもなるんでしょうか。

見ているとネギも鶏肉も、注文があってから切っている。この理由も明瞭なんです。

「早々と切って串を打っておいたのと、その場で切ったのと、どっちがおいしいか」

そういうことなんですよ。焼き方もまた独特で、串を焼き台の上に置いてひっくり返すだけではなく、フタをして蒸し焼き風にしているんです。こうすると、肉が柔らかく食べられる。本当でしたよ。ネギマがうまい。ホッピーもスルスルと喉を通ります。

塩についても、ひと言あった。

「値段の高い、いい塩を使ってますなんてところがあるけれど、ゴタクを言うなって。ウチはいちばん安い塩を使うんだよ。なんでって、それがうまいから。タレは使わない。使い続けている秘伝のタレとか言うけれど、あれは毎日味が変わるもの。万事、こうしなくてはいけないというのはないの（笑）」

なんか楽しくなってきませんか。ことごとく常識を覆す感じ。しかもね、こう言ってはなんなんですが、ちょっとばかりサミシイ場所にあるんです。こういうお店に当てずっぽうで入っていってね、居場所のない感じでひとりシンミリなんてことになることだって十分に考えられるんだ。でも、この店は違ったですねえ。店へ入って、ホッピーを飲んで、ネギマを焼いてもらい、それを食べるというごく短い時間に、アタシはすっかり好きになった。

人生はね、なんとかなるもんだよ

ご主人、もとは運送関係のお仕事をしていたそうで、それをお辞めになってからは6年ほど屋台を引いていたことがあると言います。

「使わなくなった木材を集めて、屋台も全部自分で作った。だから、最初の投資は1万2000円くらいかなぁ(笑)。それでね、許可を取って、北野街道のほうで駐車場を借りてね、そこに電気を引いて屋台の営業をしたんですよ。冬は寒いよ。富士森公園からこっちは冷えるんだ」

この晩も、外は寒かった。けれど、初めての店でいい話を聞きながらホッピーをグビグビやっていると、寒さなんてすぐに忘れてしまいますよ。

こうなると生来のお調子者であるアタシは、なんかこう乗ってくる。軽快にステップを切るようなノリではなくて、アタシの場合はなんというのか、その、すり足みたいな感じなんだけれども、気持ちは確かに乗ってくる。実際にはそれほどベラベラ喋るわけではないのだけれども、頭の中には次々にいろんなことが浮かんできて、その切れっ端をなんの脈絡もなく話し出したりする。

ご主人が問わず語りに、大学生の娘さんがいることを話したのをきっかけに、アタシも初対面の人を相手に、自分のことを喋った。

「高校生を筆頭に子供が3人いるんですけど、これから学校のことなんかでも金がかかります。俺は、ちゃんとしてやれるのかなって、時々不安になります」

するとご主人、にっこり笑って言う。

「人生はね、なんとかなるもんですよ」

そうですか。そうですよね。きっとなんとかなるんですよね、と思っていると、

「その代わり、なるようにしかならない」

と言ってまた笑った。わはははは。アタシも声に出して笑う。自分を笑っているような不思議な按配ですけれども、なんか、おかしいねえ。肩の力が抜けて、また酒がうまくなるような、愉快で快活な気分になってくる。

そんなふうに軽い気分で飲んでいると、ご近所の奥様でしょうか、ご婦人が現れてお漬物を差し入れていった。ご主人はさっそくそれを、アタシの取り皿に分けてくれる。かと思うと今度はジャンパー姿のオジサンが現れまして、どさりとひと袋、何かを置いていった。なんだろうなあと思うでもなく漬物を齧っていると、レバ刺しが出

てきた。

「今朝まで元気に飛び跳ねていた最高のレバーだよ」

いつもあるわけではないが、いいものが手に入るよう、手はずが整っているんですね。これ、うまかった。味オンチですから、巧みに表現ができないのが残念ですが、たいへんおいしいものだった。

「ブロイラーは、いつ、どこで処理されたか分からない。でも、こうして探せば、最高の鶏肉やレバーが手に入る。輸入の冷凍ものを焼くだけの焼鳥屋があるけど、あれじゃ、日本の金が外へ出て行くだけ。安いだけを求めて、つまんないことになっているんだ」

勘定は、2000円でした。これだけおいしいものを食べて、ホッピーも結構飲みましたからね。どうしたって3000円は取ってほしいと申し上げたんですが、「ウチではこれで3000円なんてもらえない」の一点張り。2000円をようやく受取ってもらった。うまいつまみとホッピーと楽しい話のセットで2000円。誠にどうも、ありがたいお店でした。

山田：焼鶏屋
八王子市小比企町435　042・636・9360
17：00〜翌4：00　不定休

京王線・ホッピー不毛地帯へ突入か?〔京王片倉〕

さあ、序盤は順調であった京王線版ホッピーマラソンですが、スタートから5駅目にしてその勢いを阻まれることになりました。山田の「焼鶏屋」で実にウキウキするような時間を過ごした後、アタシはこの日3軒目の店を探して、さらにひと駅、京王線に乗りました。

ホッピーばかり飲む3軒のハシゴは、久しぶりのことです。思えば『酒とつまみ』創刊号のために中央線で東京駅から新宿駅を目指していたころに1回あるだけ。それくらい、キツイわけですが、めじろ台、山田と楽しく飲めたので、この晩はもう完全に乗っちまったわけです。根っからのお調子者が調子づくというと、それを止められるのは、そうですねえ、吐き気くらいのものしかない。でも、この晩は元気ですからね、また最低料金の切符を買って、各駅停車でひと駅だけ都心部を目指す。

到着しました駅の名前は**京王片倉**です。ちょっと、ここもね、山田に劣らず淋しそうなんですが、ひとまずは降りてみる。しかし、京王片倉は甘くなかった。改札を出たアタシの前には、広い道路があって、すでに夜の9時を回っているのに車がビュンビュン走っています。

あれえ、ここは、どこなんだよ。と思いながら、それでも少しばかり歩いてみると、道に標示がありましたねえ。

東京環状。え？　東京環状って、まさか16号かい。そのまさかってことなんでしょう。車はビュンビュン走っている。店なんか、どこにもありそうに見えない。けれど、ここで簡単にあきらめないのが、ホッピーマラソンをかれこれ4年も続けてきた証なんでございます。

とりあえず信号を目指して歩く。信号のある大きな交差点のあたりまで行けばなんとかなるかもしれない。交差点までちょっと遠いけれど、はるかに見える信号機の灯りが一縷《いちる》の望みなんです。

さあ、交差点だ。直角に交わっている道の、まず右側を見る。おお、いかにもなさそうだ。何しろ暗い。そして、今度は左を見ると、何軒かのお店の灯りが見えます。そこで左へと向かって行くのですが、残念、手前の店はラーメン屋さん、道の反対側にあるのは焼肉店と判明しました。

ラーメン屋だってホッピーを置いてる場合はあります。めじろ台で経験したばかりだから、そう思う。ですが、この店は外から店の内部が見えるガラス張りで、見ますというと、なんというか流行のタイプ、というか、ラーメンに情熱をかけるご主人が幻のトンコツスープをあみ出してしまった店、というか、まあとにかく、ギョウザ・

ホッピーとは対極にあるようなラーメン店なんですね。アタシの場合、こういうお店よりはギョウザ・ホッピータイプが好きなんです。つまみメンマとギョウザでタラタラと酒を飲んで、最後に、ごくごく地味な醤油ラーメンをすすって帰る。いいですよ。こうでなくてはいけない。

それはともかく、ラーメン店はガラス張りですから中の様子がわかる。壁に貼り出してある品書きに、ホッピーの4文字はなかったわけなんです。

ンでもって、向かいの焼肉店ですが、こちらも入り口近くまで行ってみて、ホッピーの幟もステッカーもなく、うーん、難しいのですが、ホッピーがありそうな気もしないんだ。これも山勘ですがね。そこで、早々に断念してしまった次第です。

ラーメン屋さんにしても、焼肉屋さんにしても、とにかく入ってみて、ダメでもともと、ホッピーなんか置いちゃあいないかい、とひと言発したら、ひょっとしてあったかも分かんない。でもこの晩は、なぜかできなかった。やはり、少し酔っていたのかもしれません。もし、あったのなら、ごめんなさい。

氷雨降る夜、ズブ濡れふたりオヤジ〔北野、長沼、平山城址公園〕

京王片倉でホッピーの飲める店を発見できなかったショックはちょっとしたもので

した。何しろ、中央線の東京から高尾まで全32駅で店を見つけ、京王線で帰ってくる今回の企画でも、高尾から数えて4駅連続で、辛くもホッピーの飲めるお店を発見して参りましたアタシのことです。ふたつのマラソンでダブって数えている高尾の1軒分を差し引いても、これまで35駅、すべての駅で、どうにかこうにかホッピーの飲める店にたどり着いた。

考えてみれば、これだけでもたいしたもんですよ。本当に、結構なもんです。これは相当にすごいことなんじゃないかって、声を大にして言いたい気持ちもあるんですよ。

で、そんなすごいことを成し遂げながら、ちょっと油断した隙に、あっけなく店を見つけられない駅ができてしまったわけですから、実は結構落胆した。もう一度京王片倉の周辺半径1キロくらいを隈なく歩いてみようかという気持ちにもなりました。

でもまあ、この先も店が見つからないということはあるかもしれないわけですし、そこにこだわってばかりいるのもナンでございますので、ホッピーマラソンもまた、先を目指すことにしたわけです。

時は2月。1月よりもっと寒い2月。アタシは京王片倉の次なる駅、**北野**を目指しました。この日は、『酒とつまみ』のカメラマンであるSさんが伴走を買って出てくれ、アタシのほうも気軽に応じた。というのも北野という駅は、これまでたどって参りました高尾方面からの路線と、もうひとつ、京王八王子からの路線の合流地点。つまり、利用客の多い駅のはずなんですね。だから、店も容易に見つかるだろうという読みがあった。

それが間違い。そうです。アタシが読んでも当たらない。ヘタの考え休むに似たりとはよく言ったもんでございまして、この説に即して言えば、アタシなんか休むために生まれてきたようなもんでございましょう。

北野、見つかりません。またまた寒い日でしたが、見つからないわけはねえ、という思いで駅周辺をぐるぐる回るのですが、ここだろという店がない。勘も働かない。おまけにこの日は冷たい冷たい雨が降っていて、その降りっぷりがまた激しいので、気持ちが萎えてしまうわけです。カメラのSさんも、最初は余裕をかました歩き方だったのですが、だんだんにセカセカした足取りになってくる。頭に来てるんです。

「もうホッピーはいいからよお、熱燗にしとこうぜ」

という台詞が早くも飛び出しそうな気配になってきました。それじゃあシャクだし、せっかく北野まで来たのだからなんとかと思うけれど、京王片倉で芽生えた弱気がまたもフツフツとこみ上げてきて、

「次、行きましょう!」

って妙に元気なひと言になる。カラ元気ですよ。何しろ次の駅は北野よりはるかに

小駅であるところの、**長沼**なんです。このあたりになると、三鷹育ちのアタシにも、多少ではあるが、見覚えのある街になってくるのでして、長沼、さらに次の平山城址公園あたりは厳しいだろうなあという、当初からの懸念もあった。

アタシの場合、読みは外れるが、懸念は当たる。案の定、長沼でも店が見つからず、ヤケクソ気味になって向かった**平山城址公園**でも、見つかりそうな気配がない。雨はもう、じゃんじゃん降っていて、傘をさすものの肩はびしょ濡れ、ズボンの裾もびしょ濡れ、雨は容赦なくズボンの膝下あたりまでを濡らします。

「ねえなあ」

「ないっすねえ」

オヤジふたり、人通りもまばらな道筋で途方に暮れながら、それでも歩きます。健気ですよ、このあたり。

「おわああ！」

いきなりSさんが叫ぶので、なんだなんだホッピーの提灯でも見つけたかと思いましたら、Sさんの目線の先にはドライバーのための道路の案内板がある。なんなのか。

「野猿街道じゃん。ここ、ホテル野猿の近くじゃん！」

がっくり来ましたねえ。

野猿街道に反応して、反応した理由がホテル野猿ですよ。多摩地区に縁のある人ならご存知の方も多いと思いますが、このホテルの看板は府中、多摩、稲城、八王子などを車で走っているとよく見るのですが、なんというか、ちょっと色っぽいホテルということなんでございます。

アタシは行ったことがないが、Sさんはどうなのか。この強烈な反応はただごとではないという気もいたしますが、どうでもいいけれどホテル野猿はこの場所からはひどく遠いわけでして、店が見つからずに落胆しているアタシとしては、このトンチンカンな反応に、ひどくくたびれた。

その疲れがどっと出たのか、雪にならないのが不思議なくらいの冷たい雨の中を歩くのが嫌になってきた。Sさんもその気持ちは同じでしょう。もう、何のために歩いているのか分からん、という気持ちが、ダウンジャケットをまとった背中に滲んでいる。

と、そのとき、暗い夜道の先のほうに、ボーっと白い灯りが見えてきた。吸い寄せられるように近づくオヤジふたり。

蕎麦屋でした。

「ここにしようや」

「そうっすねえ」

店の中はあったかくてねえ。冷えた体をブルブル震わせながらも、オシボリで手や顔を拭くうちに、ほっとする気分ですよ。お店の姐さんが注文を取りに来ると、Sさんは言いましたね。

「ホッピー、ある？」

一応は、訊いてみるわけです。

「はあ？」

「ないよね」

「はい」

「それじゃあしょうがない。それじゃあしょうがないから熱燗もらっとこうか。2本いっぺんに。それからおでんに板ワサも」

もう、今日のところはホッピーはいいよな？　そんな気分なんでしょう、Sさん、嬉しそうだ。

熱燗の酒は、胃に染みまして、程なく全身を内側から温めてくれました。4駅連続で、ホッピーの飲める店を見つけられなかった無念も、お銚子を追加していくうちにフワフワと消えていくようでした。

第6区

泥酔上等！　南平〜多磨霊園編

南平、高幡不動を3人で攻めます

気を取り直してマラソンを再開したのは、もう3月に入ってからのこと。まだ冷えますが、少しは暖かくなる兆しも見えて、気分も高揚して参りますよ。それに、次の駅である南平は大丈夫だろうという情報も寄せられていました。『酒とつまみ』に広告をくださっている『中南米マガジン』のスタッフの方からの情報です。

この日は、カメラSさんに加えて編集Wクンも参加。府中の東京競馬場で遊んで、いやいや遊ばれてから、南平の駅へとたどり着いたのが午後5時。このへんだろうな、と思う間もなく、**「やきとり よっちゃん」**という店を発見して入ってみると、ホッピーがありました。嬉しいねえ。雨の中、店を探し回った記憶も色濃く残っているSさんはなおさら嬉しいでしょう。

店はコの字のカウンターのほかに小上がりがあって、『酒とつまみ』編集部3人は、そこへ陣取った。お隣にはニッカボッカ風のズボンをはいた、体格のいい兄さんたちが飲んでいる。午後5時というのに店内はたいへんなにぎわいで、焼き場を担当する人は手を休める間もなく、焼鳥を焼いています。

ホッピーと、ナンコツ、シロ、レバー、手羽先、ツクネなどを頼む。タンは塩で頼む。

おいしい店です。実はこの日、風邪でも引いたのか胃が痛くて、そんなことは年に一度くらいしかないのですが、どうにも今日は飲めないかもしれないと思っていたのですが、串の何本かを食べ、ホッピーのお代わりをするうちに体調は完璧に回復しました。

にぎやかに談笑するグループもいれば、ひとりで飲むお客さんもいる。7時ともなると広いお店は完全に満席です。新しい客が入ってきて満席と知り、それじゃあしょうがねえなあと帰ろうとすると、カウンターについていたお客さんがひとり、すっと席を立ったりする。互いに顔見知りなんでしょうか、おう、ここ、空けるよ、ってな感じ、人気店なんですね。

こういう店が自宅の近くにあったら、自分もやっぱり、通うだろうなと素直に思いますよ。それも、夕方早いうちから飲みたい。少しつまんで、ほろ酔いまで飲んで、また明日。アタシの理想です。

南平：やきとり　よっちゃん
日野市南平7〜17〜32　042・592・4280
17：00〜23：00　日祝休

混んできたら「ダークダックス・スタイル」〔高幡不動〕

さて、南平を出発した一行は、次の駅、高幡不動に降り立ちました。南口改札を出て右へ進み、高幡不動へ続く道のさらに右側の細い道に入ると、「立ち飲みたんぽぽ」という店がありました。迷わず入店です。牛スジ煮込み、チーズ揚げ、豚の耳などが280円、ホッピーは400円。ギョウザ280円やレバー焼き380円はお勧めの一品だそうです。

カウンター1本だけの小さなお店なんですが、何しろ居心地がいい。夏場には店の前で夕涼みをしながら飲むお客さんもいるなんてお話を伺うと、なんだか羨ましいですよ。近くにある中央大学の学生さんたちも来るというし、地元でお仕事の方、都心部への通勤のサラリーマン、実にさまざまな人がこの店を訪れて、立ち飲みで楽しむわけですね。

飲み方のスタイルもさまざま。2、3杯飲んで、40分くらいで帰るお客さんが多いということですが、中には3時間くらい飲んでいらっしゃるというツワモノもいるそうです。

店が混んでくれば、後から来たお客さんのために、先客たちは、少しずつ譲り合って場所を空ける。肩を寄せ合うどころか、肩を触れ合わせながら、みんなの店なんだということを感じて、飲むんですねえ。いい話です。そして、男たちが肩を触れ合わせて飲んでいるところへ、さらに新たなお客さんが来たときはどうするか。先客たちは体を斜めにしてさらに間を詰める。これを「ダークダックス・スタイル」というそうです。おもしろいですねえ。

アタシたちが飲んでいるときも、しばらくすると少しずつお客さんが集まってきて、肩が触れ合わないまでも、肩を寄せ合うくらいになってきました。

「ダークダックスか、おい」

Sさん、すでに体を斜めにしている。まだ、そこまでのことではないのですが、やってみたいんでしょうね。他愛ないよ50歳も過ぎて。

このお店で聞いたところでは、お客さんが本当にダークダックス状態になったとき、たとえば体を左斜めにして飲んでいると、必然的に首は右へ向けているわけですが、それが長く続くとやっぱり疲れる。それで、寝返りじゃないけれど、向きを変えてえなあ、という話になってくる。

そんなとき、居並ぶ客たちは顔見知りもそうでない人もみんな申し合わせて、「せーの」で、体の向きを右斜めへと変えるンだそうですよ。

はははは。一度立ち会ってみたいなあ。みんな一斉に向きなんか変えたら、本当にダークダックスみたいですよねえ。

そんな話に笑い、ホッピーを飲み、そしてホッピーをお代わりしていると、立って飲んでいることはまったく苦にならない。むしろ座って飲んでいるときのようにダレることもない。

ンで、その結果。

「立ち飲みだから小一時間でさっと引きあげようか」

なんて気分だった我ら3人は、2時間半ほど滞留して、「立ち飲みたんぽぽ」を後にしたのでした。

高幡不動：立ち飲みたんぽぽ
日野市高幡145　042・593・0088
18：00～23：30　日曜休

百草園で京都人がホッピーを飲んで酔っ払う

高幡不動まで帰ってきた京王線版ホッピーマラソン。高幡不動は正月の初詣などで毎年お参りしている親しみのある場所ですから、ぐぐっと近くまで帰ってきた気持ちがいたします。このあたりから、一気にスピードアップをしていきたいなと思っていた3月12日、この日も東京競馬場を目指しました。府中でレースが開催されているのではないのですが、馬券は買えます。街中にある場外馬券場と比較したときに何がいいかって、第一に、暖かい建物の中でビールなど飲みながら馬券を買えるということ。だからアタシは、府中で開催していなくても府中で馬券を買う。これが結構楽しいんですよ。レースをやっていないから場内は混雑しませんし、全レースが終了する4時半頃から移動してホッピーの飲める店を探すにも、府中は便利なんです。

オツなもんですよ、競馬の後のホッピーマラソン。そんなことを、知り合いの何人かに喋ったわけなんですが、そうしたら、私もぜひ、と伴走を名乗り出てくる人があった。

銀座のバー「R」のHクン。まだ20代。学生時代から京都に住み、東京へ出てきてからまだ1年ほどという青年バーテンダーでございます。

互いに携帯電話の番号を交換しておいて、11レースあたりで合流。勝ち負けはともかく、最終の12レース終了後に、さっそく目的地である百草園駅へ向かいました。

駅の北側へ出ます。以前、車で通りかかったときに、たしかホッピーの提灯《ちょうちん》を下げている店があったと記憶しています。京都の街中で暮らし、東京へ来てからも下町に部屋を借りたHクン、東京郊外、**百草園**駅周辺ののんびりとした景色を、きょろきょろと見回している。ホンマに東京ですか？　アタシの先を歩くHクンの背中がそう語っていますよ。

するとHクンが振り向いて言う。

「もう、この先、住宅街ですよ」

その通り。けれども、その住宅街に入るか入らないかのところに、たしか1軒……。

「みーっけ」

アタシは思わず口に出しましたね。駅から続く道の右側に、その店はありました。

「やきとり　まるなか」という小さなお店です。道に面して窓があり、その内側が焼き台になっていて、換気扇からモクモクと白い煙が流れ出る。晩御飯の買い物の前に注文をしておいて、帰りがけに焼きたてを受け取って帰る。そんな使い方をする人が多いのでしょうね。でも、店内で飲むこともできました。ホッピーも、ちゃんとありました。

タン、ツクネを塩で、皮とシロをタレで、そしてホッピーを頼みます。ホッピーはシングルで400円、ダブルで500円。ジョッキにたっぷり入ってる。まずはシングル。

「かんぱーい！」

Hクンの記念すべき多摩デビューを祝します。カウンター5席だけの小さな店で、客はひとまずHクンとアタシのふたりだけ。ストーブで暖められた店内で、やがてジャンパーを脱ぎ、ホッピーをお代わりし、うまい串ものも追加していくわりです。京都から来たばかりのHクンが百草園を知っているだけでもすごいけれど、「やきとりまるなか」でホッピーを飲んでるってのもすごい。何がどうすごいのかよく分からんのですが、とにかくすごい。こうなるとやはり、調子が出てくるんですね。

「お代わりください。今度はダブルで」

「あ、じゃあ、僕もダブルで」

店にいたのは2時間ほどでしたが、結構回りました。夜風で火照った頬を冷ましていたHクン、すっかり酔っ払っちまったようです。電車が来て、温かいシートに腰を下ろすHクンを横から見ていましたら、もう目の中が潤んでいましたねえ。

悪かったねえ、付き合ってもらって。ありがとう。またいつか、チャンスがあったらホッピーをご一緒いたしましょう。

百草園：やきとり　まるなか　連絡取れず

とうとうやった！　持ち込みホッピー〔聖蹟桜ヶ丘〕

さて次は聖蹟桜ヶ丘です。特急が停車するこの駅の周辺にはデパート、ショッピングセンターが立ち並んでいますよ。大きな街です。そして、街がよく整備されており、昔ながらの面影を残す場所が見当たらない。こういうとこは難しい。めじろ台でも苦戦しましたが、**聖蹟桜ヶ丘**でもまた、店探しに苦労しました。この日はひとりでしたが、1時間以上もかけて回るのですが、ホッピーの飲める店を見つけることができない。

しかたなく、住宅街のほうへと足を伸ばします。東京の郊外では、住宅街の中に、ポツンと何軒かの店が並んでいる一画に出くわすことは珍しくない。そういう偶然に頼るしかないわけです。しかし、なかなか見つからない。この道を行ってみて、なかったらあきらめよう。そう思いながら歩いていたとき、**「漁火《いさりび》」**という店を見つけました。

煙モクモクのもつ焼き屋さんなら期待も膨らみますが、この店名では酒肴の中心は魚介類。となると、ホッピーはあるのか。不安です。

ンで、決心した。この店にホッピーを置いてなかったら撤退だと。そして入店です。

「あの、つかぬことをお伺いします。こちら、ホッピーを飲めますか？」

返事を待つドキドキの瞬間があって、

「前は置いてたんですけどね、今はないんですよ」

とご主人が答える。がっくり。

「そうですか。いえ実は……」

ホッピーはないかと問う理由だけでもと思ってお話しします。すると、

「ああ、そういうことなら、また、暑くなったら置きますよ」

「ええ？　本当ですか！」

「はい、置きます」

ラッキーだねえ！　これで聖蹟桜ヶ丘もなんとかなった。でも、困ったことがひとつ。今、ホッピーが飲めないということです。このマラソンの趣旨は、ホッピーの飲める店を調査することじゃない。そこでホッピーを飲んで、というより、ほかの酒は飲まないでホッピーだけを飲むという点にあるのですから、やがては置きます、というだけでは目的が果たせない。さて、どうしたものか。アタシは、ひとつ思いつきました。

「あ、あの、今日だけ、ホッピーを持ち込んでもいいですか？」

「え？　まあ、いいですよ、それは」

優しいご主人なんであります。で、アタシは一目散に駅へと戻り、京王ストアに飛び込んだ。あった、あった。ちゃんとホッピーを売ってるじゃありませんか。エライぞ京王ストア！

ボトルデザインはいつも飲んでるデブッとした昔ながらのものとは違って、ほっそりしてお洒落なんですが、ホッピーであることは間違いない。それを2本持ってレジ

でお金を払います。ねえ、ホッピー2本だけ買っていく客というのも不思議なもんなんでしょうね。レジの女性もキョトンとした表情をしておられました。

それはともかく「漁火」さんですよ。めでたくホッピーを入手してきたアタシを実に快く迎えてくださった。そして、たいへんおいしいおつまみを出してくださる。聞けばご主人、利尻島のご出身だそうで、店の酒肴も北海道の新鮮な魚介が中心です。この日は、「タコ玉」600円というのをいただきました。これが、食べたことのない味なんですが、実にうまい。ミズダコの卵、珍味のひとつだそうです。

ほかにも嬉しいつまみがありましたね。氷下魚《こまい》300円がそのひとつ。サロマ湖の氷の下で獲れた魚なんだそうです。それから極めつけは、ホタテ焼き。お値段を聞きそびれましたが、見事な大きさのホタテを焼いて、アツアツのところを口に放り込むわけですよ。それでホッピーを飲む。本音を言えばねえ、ちょっとばかり日本酒を飲みたいところなんですけど、そこはなんといったってホッピーマラソン。スーパーで買ったホッピーを持ち込んでまでホッピーにこだわるホッピーマラソン。ねえ、だから、日本酒は我慢して、ホッピーを飲む。

でもね。本当に本当のところを言いますと、この店では生ビールも焼酎も飲んだんです。以前置いていたとはいえ、今後また置く予定があるとはいえ、ただ今現在は置いてないホッピーの持ち込みを許してくださったご主人への感謝の印です。だって、持ち込んだホッピーの分のお金は受け取らないよ、と言われたら、申し訳ないじゃないですか。だから、ちゃんと店のお酒も飲んで、さて、お勘定ということになったんでございます。

結局どうなったか。実はご主人、今日のお勘定はいいですよって、受け取ってくださらないんです。それじゃ困ります。困るんですが、まあ、いいですからって。そうですか。それじゃあ、お言葉に甘えましてって、とうとうお世話になっちゃった。

ホッピー持ち込みといい、ゴチになってしまったことといい、中央線・京王線通じて、ホッピーマラソン初の出来事なのでした。どうも、たいへん、申し訳ございませんでした！

必ずまた、伺います。

聖蹟桜ヶ丘：漁火↓ひら田（店名、業態変更）
多摩市一の宮3〜7〜16　042・339・5888
17：00〜23：00　火曜休

多摩川を渡っていよいよ府中市へ〔中河原〕

春分も過ぎ、場所も八王子からずいぶん東へとやって参りました。聖蹟桜ヶ丘の次は、多摩川を渡った都内側、駅は**中河原**になります。市町村の区分で言うと、八王子市から日野市、多摩市と来て、今、いよいよ府中市へ入ってきたわけです。ねえ、帰ってきたよ。だいぶ帰ってきた。

ここまで来ると、土曜日の競馬の後だけじゃなく、平日の仕事の後にも軽い気分で出かけて行けます。それでこの日は平日の宵の口に、中河原はひがし通り商店会をぶらぶらと歩いて参りました。すると、右側に生簀《いけす》があるので、看板を見てみると、アユ、ヤマメ、イワナ、コイなどの養殖をしているところらしい。そういえば渓流ももうすぐ解禁だなあ、ヤマメ釣りに行きてえなあ、などと思いつつふと見れば、これはもう、ホッピーが絶対にあるという雰囲気を店全体が醸し出している1軒に出会いました。

お店の名前は**「やきとり　たけちゃん」**。いいですねえ。アタシもタケちゃんですからね、親近感を覚えます。

中へ入るとすでにたいへんなにぎわいぶり。お客さんはみな仕事帰りでしょうね。いい雰囲気なのは、スカした野郎がいないってところでしょうか。みんな、とても逞しい感じで、ざっと見回しただけで、ホッピーを飲んでる人がたいへん多いことにも心を揺さぶられました。ホッピーがあるかどうか、なんて気にする暇も与えない、これぞ、といった感じのお店なんでございます。

ホッピーの外が２６０円。中身の焼酎が１８０円。非常に分かりやすい。外１本で中４杯という濃い目パターンで飲んだとして、９８０円。１０００円に届かないというところがすばらしい。アタシももちろんホッピーを頼みます。

つまみも充実しておりました。タン塩90円を２本、とりニンニク90円も２本、両方とも塩でいただいて、それからタラの芽の天ぷら４５０円も頼む。これも少し塩を振って食べるとホッピーによく合います。

たいへんな伝統を感じさせるお店ですが、現在の経営になってからは2年目だそうで、それ以前のお店が26年ほど、この建物で商売をされていたそうです。

「うちはね、ホッピーを飲まれるお客さんが本当に多いんですよ。80％がホッピー。酒屋さんがびっくりするくらい」

カウンターの中に入っていた奥さんがおっしゃいます。このお店では、「ホッピー会」という集まりもあるそうですよ。きっと、ホッピーの好きなお客さんたちが集まってガンガンやるんでしょう。いいですねえ、でも、ちょっと、恐いですねえ。中身3杯で失礼をいたします。

お勘定はそうです、２０００円でしっかりお釣りが来ました。いい店、見つけました。

中河原：やきとり　たけちゃん

府中市住吉町2〜14〜18　042・334・5770
16：00〜23：00、日曜13：00〜21：00　月曜休

関西から来たHクンのチャレンジ〔分倍河原〕

その週の土曜日。またまたアタシは府中のお客になった。3月も末のこと。もう少し待てば、競馬も府中での開催になる。楽しみだ。でも、開催になると競馬場が混むからビールを飲みながらダラダラ馬券を買うには不向きだ。そんなことを思いながらビールを飲み、ダラダラ馬券を買っていると、目の前に、見覚えのある後ろ姿。そう、Hクンなのでした。

「あれえ、来てたの〜」

なんて間抜けに声をかけたら、

「今日はホッピー、行きますか？」

だって。行きますよ、参ります。あなたも一緒にいらっしゃいよ。

ってなことでやって参りましたのが**分倍河原**。駅改札を出て左側に飲み屋さんが軒を連ねる、いい場所がある。その名も「味楽街」。そこで入ったお店が**「扇家」**さん。駅から向かって手前左と奥の左に2軒あるのですが、奥のお店に入り、カウンターの

奥に陣取ります。タン、ハツ、レバ、シロ、ナンコツといったやきとん各種に、実にうまそうな野菜の串も充実しています。長ネギ、シシトウ、ピーマンにタマネギ、ニンニク、シイタケ。どれもうまそうだ。

さっそく見繕って注文し、ホッピーで、

「カンパーイ」

Hクンの多摩デビュー2戦目を祝すのであります。ホッピーが関西では最近になるまであまり知られていなかったという噂は聞いておりましたが、やきとんもまた、関西の方にはあまり馴染みのないものだそうで、ということは、東京に来て1年のHクンにとって目の前の品々は、ちょっと珍しいものなんでございましょう。

「うまいっすね」

とか言いながらホッピーをグイと飲むHクン。東京のやきとん・ホッピー文化に、ちょっとしたショックを受けているのかもしれない。

1杯目を同時に飲み干して、さあ、中身のお代わりです。

来ました来ました。2杯目のジョッキ。7割がたが、中身、つまり焼酎なんであります。

「おお、おおおおお！」

Hクン、2杯目の中身の、このあまりにも正しすぎる量の多さに、一瞬、驚き、それから、はははは、と笑っております。笑っちゃう気持ちはよく分かる。

「Hクン、よく見ておくのだぞよ」

アタシはジョッキにホッピーの外を足した。いっぱいのところまで外を足しても、外のボトルの中身があんまり減らない。

「外1本で中身4杯飲む人って、だいたいこんな感じ。外1本で中身5杯飲めって言う人もいるけどね」

黙って聞いていたHクン、

「やってみますか」

って、やめときなよ。足を取られるから。とか言いながら、グビグビやりましたね。店の人気はたいしたものですよ。アタシたちの入店が午後5時くらいだったかと思いますが、7時ともなると満席です。満席で入れないお客さんがいる。土曜日なのに、このにぎわいぶりは、こちらのお店の実力なんですね。また新たな常連さんが来たのに入れないのでは申し訳ないということで、2時間ですっかり酔いの回った我ら2名は、カウンターの席を空けたのでございます。

分倍河原の駅のホームで、京王線の上り電車を待ちます。夜風に当たったって火照った頬を冷ましているHクンの横顔を見れば、ああ、また目が潤んでる。

Hクン、濃いホッピーに付き合わせてすまなかったねえ。またいつか、どこかの街で、ホッピーをご一緒しましょう。

分倍河原：扇家
府中市片町2～21～17　042・368・2036
17：00～23：00　不定休

府中到着。3連荘でスパートをかける

２００５年の正月6日に開始した京王線版ホッピーマラソン。3月も末日となって、開始から早3カ月を迎えようとしています。ここいらで、ちょっとばかりの中押しというか、中間スパートをかけたいところ。

そこでこの週は、3月31日、4月1日、同2日と、3連荘でマラソンをして参ります。こういうことは体に良くない、なんて思いもあるんですが、府中まで来ればこっちのものという、なんの根拠もない元気もわいてきたような按配です。

府中駅周辺も変わりましたね。大国魂神社《おおくにたまじんじゃ》へ向かう道なんて、おいおい、ここがあの道かって、一瞬思いましたね。高校生のころ、ここを通ったときのこと、思い出します。神社の境内の中だったか外だったか、図書館がありまして、同級生たちがそこで受験へ向けて勉強しているという。アタシもね、成績はビリッケツだったはずです

が、一応は受験もしてみようかと、その図書館へ行ってみた。そしたら同級生のひとりが、

「お前の顔見ると、やる気がなくなる」

って言いやがるンですよ。きっとねえ、ものすげぇやる気のない顔してたんでしょうね。はははは、思い出すだにおかしいよ。ざまあみろってんだ。

なんて考えながら、1軒の店に入った。カウンター席に座ってホッピーを頼みます。つまみに豚タンとサケのハラスを頼むと卓上コンロが出てきて、その上の鉄板で焼いて食べる。焼肉屋さんみたいなスタイルなんですねえ。ほかにも刺身やフキ煮、おでん、それからセリのおひたしなど、酒を飲むのが好きな人には、本当に気のきいた酒肴が揃っている。店はもう30年も営業しているそうですから、そろそろかつての常連さんの子供さんたちが飲みに来るような老舗なんですね。

ぜひともお店のことを書かせてほしいと申し上げたのですが、いつもこの状態で満席だから、どこかに名前が出て、そういう常連さんが入れなくなるのは困るんだと、ご主人はおっしゃいました。

だから、お店の名前も場所も写真も載せませんが、こういう店を1軒、自宅の近くに持っている人というのは、なんとも幸せな人たちだなあとつくづく思ったことを、最後に書き添えておきましょう。

コーヒー焼酎に浮気〔東府中〕

お話は府中突入3連荘の2日目へと進みます。この日、下車するのは**東府中**駅。競馬場へ行くときに、いつもここで乗り換えている駅でございます。そこで、競馬の大好きな編集Wクンをお誘いする。競馬場から東府中までは歩ける距離。Wクンならきっと歩いたことがあるだろうし、ということはつまり、どのへんに、ホッピーの飲めそうな店があるか、勘が働くというものです。

ね、すばらしいよ。心強い。で、ふたりして東府中へと参ったわけなのですが、幟、提灯、ステッカーもなければ空き瓶ケースもない。店から覗いてみても、ホッピーと書かれた短冊がない。ぐるぐると駅周辺を回りましたねえ。

最後にWクンが行ってみようと提案したのが、競馬場側の住宅地。というか、商店の連なる道筋から1本奥へ入ったあたりなんです。

すると、ありました。一見、変哲もない中華食堂に見えるのですが、店の外壁にホッピーのステッカーがありましたよ。だから、ホッピーがあることだけはすぐにわかった。**「あじさい」**という名のお店です。

良かった、良かった。これで今日の目的は果たせるよ。胸をなでおろしながら店へ入りまして、ホッピーを頼む。中華屋さんなのにホッピーは珍しいですねとお聞きすると、まだお若いご主人、17歳のときにホッピーを飲んで、うまいとは思わなかったんだけど、それから飲むようになったんだとおっしゃいます。今はもちろん、ホッピーがおいしいから店に置いているという。

ピータン、それからスブタがおいしかったですねえ。スブタは変に甘ったるい味が苦手だったのですが、こちらのスブタはあの妙な甘さがない。ご主人によれば、これが昔のスブタの味なのだそうですよ。たいへんおいしいし、ホッピーに合うかって、合いましたねえ。言われてみりゃ不思議な気もいたしますが、よく合うのは事実なんでございます。

ご主人は、ほかにもいろんな発明をしておられますよ。料理のほうで言えば、我々がこの後夢中で食べた納豆マーボー豆腐なんて抜群でしたね。それから飲み物のほうですが、このお店には甕《かめ》出しのおいしい紹興酒があるのですが、それとは別に、コーヒー焼酎なる飲み物も独自に用意されていました。

なんだろうねえ、コーヒー焼酎。お伺いしますと、コーヒー豆を焼酎に漬け込んだものらしいんですがね、どうにも気になる。

「3種類の豆で試してみて、この味にたどり着いたんです」

なんて話を聞いたらもう我慢ができない。ホッピーはちょっとお休みしまして、コーヒー焼酎をいただきます。

うまい。うンまい、ともったいつけたほうがいいくらいにうまい。

「こりゃ、ほんとにうまいですね」

Wクンも驚きの表情だ。そして我らふたりはご主人の話を聞きながら、紅茶ならどうか、ショウガとかニンニクも良いのではないか、などと、焼酎に漬けるものを次々に挙げていった。ひいてはそれが、『酒とつまみ』第7号の巻頭特集に掲載された名物企画「甲類焼酎で何かやってみた！」につながるのでありますが、我々の場合は、おいしいかどうかより興味本位、非常に品のないものになりまして、この「あじさい」のご主人には、あいすみません。

それからね。今度この店へ行ったら絶対に食べようと思っている料理をふたつお知らせしますね。ひとつはレモンラーメンなる一品。和風出汁《だし》でさっぱりとして、すごくうまいようなんですよ。もうひとつは塩味の牛乳ラーメン。これもお勧めとのことですよ。人気があるという。レモンとラーメンってどうなのか。牛乳とラーメンってどうなのか。そう思いがちだけれど、この日、この店のご主人が出してくれた飲み物、食べ物、全部がたいへんうまかったから、にわかに信じがたいレモンとラーメンの組み合わせにも、俄然期待がわいてくるのです。

ともかくこの晩は、天才が繰り出す魅惑の味に、心を打たれたのであります。

東府中：あじさい
府中市清水が丘2〜1〜13　042・354・3700
11：30〜14：30　17：00〜23：30　月曜休（ただし、祝日の月曜は営業）

ホッピー21本の快挙にうろたえる〔多磨霊園〕

さあ、府中市内を連続して訪れる3日目は、多磨霊園駅で下車して、駅の南側へぶらぶらと歩くうちに始まりました。

ふと見ると、ちょっと時代を感じさせるお店がある。看板に、焼鳥、鍋物各種、鳥煮込み、球磨焼酎、そしてホッピーと書かれています。店名は「居酒屋たまがわ」。一軒家の酒場で、雰囲気は申し分ありません。

店内のカウンターには、奥のほうに50代くらいの男性ともう少しお若く見える男性のふたり連れがいらっしゃって、手前にもおひとり、ちょっとご年配の男性が飲んでいる。

その中間のあたりに席を占めて、さっそくホッピーを頼みます。

土曜日のことですが、きっとこちらのお店も混み合うことになるのだろうと推測いたしまして、オカミさんと思しき方に、京王線沿いにホッピーを飲み続けていることなどを、まずお話ししました。

するとその話を聞くともなしに聞いていたふたり連れの男性のお客さんが興味を持ってくださったのか、こちらと目が合いました。こうなると、自然に会話が始まります。

「ホッピーか。昔、ホッピーを21本飲んだことがあるよ」

って、のっけから途轍もないことをおっしゃる。何人で何時間飲んだのか、はっきり聞いてはいないのですが、21本のホッピーということは、少なく見積もっても中身の焼酎は60杯を超える勘定になりはしませんか。すごいよ、中身60杯は。

アタシはさっそく頭の中で計算をするんですが、仮に中身1杯に焼酎が80mlほど入っているとして、60杯だとどのくらいになるか。まず6を掛けて480ml、その10倍だから、えーっと、4800ml。1升が1800mlだから、おいおい、焼酎2升半を超えるじゃないの……。

すごいよ、これは。これをふたりで飲んだとなるとひとり当たり1升3合くらいの焼酎を飲んだことになる。それでもって、外側、つまりホッピーがひとり10本半！仮に3人で飲んだという話であったとしても、ひとり当たりで計算すれば焼酎が8合以上で、ホッピーが7本という計算になるんですね。

日ごろホッピーを飲みつけている人ならお分かりになると思うんですがね、ホッピーのボトルというのは、多くてもひとり3本くらいが限度じゃないですか。それだって、普通に見積もって中身の焼酎を9杯は飲んでいる計算になる。いいですか。中身3杯で外1本として、外が3本だから中身9杯と。こうなる。だから、えーっと、そこから推し量ってですよ。ホッピーのボトルが目の前に7本並んでいる光景が意味するのは、20杯くらいの中身を飲んでいるってことになりはしませんか。これはね、本当にそら恐ろしいことになるんでございます。

さらにさらにですよ。どうもほんとにしつこいんですが、「ホッピー21杯」を「ホッピー21本」と聞き間違えたとしましょうか。本当は21本じゃなくて21杯だったという場合ですね。これならば、うん、あるかもしれない。中身と外を分けずにジョッキに1杯ずつホッピーを作ってくれる店はございます。それを全部で21杯飲んだと。うん、これなら……、いや、やはり、ないかもしれない。

作りつけのホッピーはやや薄めになっていることが多いです。多いですけれども、21杯となると、生ビール21杯よりキツイですよ。これを2、3人でということになると、やはり相当なものです。

そんなことで、なんだかすごい人たちのいるお店へ来てしまったのではないかと、最初っからのけ反ってしまったんですが、このおふたり、興味深いことも教えてくださいました。

「これから京王線で店を探すの？　それなら覚えておくといいけどね。調布あたりへ入っていったら、外にホッピーのステッカーもなく、メニューにもホッピーと書いてない店であっても、ホッピーあるか、って聞くと、きっとあるよ。とにかく入ってみて聞いてみるといいよ」

へー、そんなことがあるんだな。不思議なことだなと思いましたが、そのときは、その話については何も考えませんでした。この教えの意味について考えをいたしますのは、また後日のことです。

素敵な先輩に挟まれて泥酔一直線です

というのも、やはりカウンターで飲んでいた初老の男性が、飲むほどに酔ってきていて、少しにぎやかになってきたからなんです。

「甲類の焼酎にもちゃんと味の違いはあるんだよ。なんでもいいというわけではない。そんなのは違うよ」

と、こうおっしゃる。ホッピーの中身であるところの甲類焼酎についてのお話が始まっているわけです。アタシはね、はあ、そういうものですか、アタシには区別がつきませんが、という言葉を飲み込みながら、ホッピーをグビリとやります。

すると今度は、

「昔はな、サラリーマンの何倍って金を稼いで、一流の店を飲み歩いたもんよ」

アタシはというと、それはそれは、と合いの手を入れながら、また、ホッピーをグビリと飲むんでございます。

と、今度はカウンターの逆側にやって来られました初老の男性からも、お声かけをいただきました。この方は、昔は相当にならしたスポーツマンだそうで、今のほっそりした体つきからもそれがちゃんと分かるくらい、いい体をしていらっしゃる。お話も上手です。

こうして、両サイドから話しかけられる図というのは、イチゲンの客を、同じ客の立場として温かく迎えてくださっている証拠ですね。嬉しいです。こういうことも、常連比率の高いお店を訪ね歩く京王線版ホッピーマラソンならではの話だと思います。

おつまみには、冷奴と刺身を頼みましたが、それをゆっくりとつまみながら、延々とホッピーを飲んで参ります。昨日、一昨日もホッピーでしたから、このあたりで相当に回ってきているのですが、酔いというのは不思議なもので、酔うほどに時間の経つのが分からなくなります。気がつけば、店に入ってから3時間近くが経っていました。この店の居心地の良さと、アタシから見たら大先輩のお客さんから話しかけていただいたことで、あっという間に時間が過ぎてしまったわけですね。

両サイドの両先輩もそれだけ飲んでいるわけですから、酔って当然です。アタシより先に来ていらっしゃった男性、そう、お若い頃には一流店でバンバン飲んでいらっしゃったという男性のお話は、ここでちょっと艶っぽくなってきました。

「おれの●△×は※■？から、女がねえ、イタイ、イタイって言うのよ」

ええ⁉　ちょっとはっきり聞き取れなかったんですが、そこは推測で、はあーそうですか、それはすごいですねと、アタシも合いの手を入れてしまう。だってすごいじゃないですか。アタシの推測が正しければの話ですけれど、それはすごい。男というものは、こうでなくてはいけないと、貧弱なアタシは心底そう思うのでございました。

アタシはこの晩、初めての店なのに、自分のこともいろいろとお話ししました。両サイドの初老の男性はおふたりとも、アタシよりは20年ほど先輩にあたります。それでも行きつけの店に通って元気に飲み、イチゲンのアタシなんかの話だって聞いてくださる。嬉しくなったアタシは、仕事のこと、稼ぎのこと、昔の三鷹のこと、娘の部活のことなど、いろんなこと喋っちゃって、思い出すとお恥ずかしいのですが、「子供さんにはあまり無理をさせるなよ」とか「気楽にやったらいいんだよ」なんて、それこそ、両サイドから代わる代わるに激励の言葉をいただいたんです。ありがたい一夜でした。

アタシはもう、すっかり酔っ払って、駅へ向かうにも千鳥足。ちぇっ、修行が足りないってんだよと、ひとり自分に毒づいたのでした。「居酒屋たまがわ」の皆様、ありがとうございました。

多磨霊園：居酒屋たまがわ
府中市清水が丘3−29−6　電話非公開
17：00〜24：00　月曜休

第7区

春うらら足下ふらふら武蔵野台〜国領編

競馬場でHクン発見。そのまま連行する〔武蔵野台〕

さて、次の駅は武蔵野台という駅になるのですが、ここへ参りましたのが、すっかり暖かくなってきた4月上旬のこと。まずは東京競馬場へ向かいました。馬券を買ってからホッピーマラソンに行くというのがクセになってしまいまして、この日も福島、中山、阪神の各競馬場で開催されているレースの馬券を買うつもりでした。

そうして競馬場へ参りますと、運のいいことにいきなり連続して的中しましてね。気分もよく、競馬場内を徘徊して参ります。いよっ、貧乏人諸君、馬券の買い方教えてやろうかって、ねえ、まあ、気分だけですよ。そんなこと口にしたら、貧弱なアタシのことです。パカンと殴られて泣き出すに決まってるんだ。

と、そこに、見覚えのある後ろ姿、というか、後ろ頭を発見しましたよ。おお、あれは！

「ハーセガワく〜ん！」

思わず呼びかけていました。銀座「R」のHクンが、またもやそこにいたのです。もうバラしてしまったから「長谷川」クンと書いてしまうのですが、彼の勤める「R」、これもちゃんと書いてしまうと「ロックフィッシュ」というバーなんですが、ここにはアタシなり、カメラのSさんなりが、安価でうまくて酔っ払うハイボール目当てに週に1度くらいのペースでお邪魔をさせていただいております。

そこで世間話ついでに、土曜日には競馬がてらホッピーマラソンに行くよと話したのが、長谷川クンがホッピーマラソンに同行するようになったきっかけでございます。

彼は土曜日にお休みをもらっているし、競馬も嫌いではないというから、ちょうどいいということになったわけですね。アタシにしても、ひとりで走るより仲間がいたほうが何かと心強い。

しかし、そうはいっても、馬券は府中でなくても買えるわけですし、せっかくのお休みにお誘いをするのも申し訳ない。第一、長谷川クンには、百草園と分倍河原で、すでに二度伴走してもらっており、そのたびに彼は、帰りの電車を待つ間、慣れないホッピーの酔いに目を潤ませていたのでもあり、さらなる伴走を無理強いできる状況にはなかった。けれど彼は、いたのです。競馬場に。それが妙に嬉しくて、周囲の目も気にせず、

「ハーセガワくーん！」

と叫んだ次第。

「あ、来てたんですか？」

って、それはアタシのセリフ。馬券検討に忙しい長谷川クンをさっそく売店へと連

行して、生ビールを振る舞います。「今日はもう当てちまってるからね」と、余裕の態度に出るわけです。

でも、これがいけなかった。酒が少しでも入ると、やっぱり気が大きくなるんですかね。そこから外し続けて、結局はチョイ浮き。聞けば長谷川クンは、堅実な馬券で、やはりチョイ浮き。

「チョイ浮きだからチョイ飲みしようか?」

「ホッピーマラソンですね」

という話になるわけです。

大丈夫かなあと思いますよ。いくらなんでも3回目の伴走です。ホッピーが好きならいいけれど、嫌いなのに、こちらが彼の勤める店の客だからということで断れないんじゃ、悪いですからねえ。

けれど、武蔵野台の駅を降りて道を歩く長谷川クンを見ていたら、まあ、いいか、と思いました。

「これまで2回はもつ焼きでしたから、今日は焼肉なんかいいですねえ」

とか言うじゃありませんか。

これは、アタシの思いも一緒だったんですがね。それでまあ、ぶらぶらと、ホッピーの飲めるお店を探索にかかるのですが、駅からしばらく歩いたら大きな団地に行き着いてしまった。車返団地。

団地に行き着くのはヤバイ展開です。団地の中央にはマーケットはあるでしょうけれど、そこで仮にモクモクと煙が上がっていたとしても、おそらくはテイクアウト専門の焼鳥店、ホッピーが飲めるとは思えない。あとは小料理、スナック、寿司屋さんなんかがあることが予測できるのですが、団地の中心部へ入ってみると、まさにその通りなのでした。

「困りましたねえ」

「ないねえ」

長谷川クンを勢いだけで連行したのはいいものの、店がなくてはどうにもなりません。

たとえ目印がなかろうとトライすべし

広い団地の中をあっちこっちと歩くふたりですが、ホッピーどころか飲み屋さえ見つけられない。男ふたり、不審者に間違えられる可能性もあり、あきらめムードも漂って参りました。

しかしここで断念したのでは、不慣れな多摩地区まではるばる下町からお運びいただいた長谷川クンに申し開きができない。ここはひとつ、多摩っ子の意地にかけて、店を見つけなければならないと決意を新たにしたアタシは、スタスタと団地の外れへ向けて歩き始めました。こうなったら、団地をぐるりと取り囲む道筋をすべて見て回ってやろうという魂胆です。

というのも、アタシが生まれ育った三鷹の団地の周囲には、スナック、小料理、焼肉、寿司、中華料理など、小さいけれど、さまざまな店があって、なかなかにぎわっていますし、おいしい店も多い。団地住民のみんながみんな、外食といえばファミリーレストランというわけではない。だから、きっと、この団地にもそういう通りがあるはずだ。と、読んだわけでして、アタシの読みは当たらないんですが、そこはもう、どんどん歩く。

どれくらい歩いたでしょうかねえ。結構疲れたなあ、というときでしたよ。見つけました1軒のお店。その名は**「七輪焼居酒屋 八芳」**。残る問題は、ここにホッピーがあるのか、ないのかという一点です。府中に工場のあるビール会社の幟がある。当然でしょう。しかし、調布に工場のあるホッピーの幟はない。ステッカーもない。どうするか。

アタシ、ここで思い出しました。先日、多磨霊園のお店でお客さんが言ったことですよ。調布あたりへ入っていったら、たとえメニューにホッピーと書いてなくても、ホッピーと注文すれば出てきたりする……。ここはまだ、調布ではないけれど、もはやその実行を躊躇《ためら》っている場合ではないと思いましたね。

そして入店。咄嗟に壁に貼ってある品書きに目を走らせ、ホッピーの文字を探すのですが、それも見つけられない。

「いらっしゃいませ」

と店の奥さんに声をかけられた。

こうなるともう、訊くしかない。「ないよ」と言われる恐怖と戦いながら訊くしかない。たくさん歩いた挙句、「ない」と言われたらさぞやガックリくるだろうなあ、という不安との戦いですよ。ふと振り向けばアタシの背後で長谷川クンも、非常に緊張した面持ちで立っている。

ホッピーはあるのか、それとも、ないのか。

「あ、あの、ホッピー、ありますか？」

「はい、ありますよ」

よっしゃー！

やったぞとばかりに再び振り向けば、そこには右手で拳を作り、小さくガッツポーズを決めている長谷川クンの姿がありました。

うまかったねえ。卓上に置いた七輪で食べる炭火焼。シャモ、Pトロ、タンの塩焼きセットに、カルビ、ロース、ハラミのタレ焼きセット。冷やしトマトにナムル。そしてもちろんホッピー。グビグビとホッピー。あんまりうまいので、つい調子に乗って、マッコリまで頼み、これも、ゴクリゴクリとやる。店の奥さんの対応も穏やかでたいそう気持ちがいい。

アタシたちが店を出るときには、ご家族連れをはじめ、たくさんのお客さんが入店していました。やはり、人気店なのでしょう。苦労をしたけれど、あきらめずに探し、こんないい店に巡りあえて、本当に幸運なことでした。

武蔵野台：七輪焼居酒屋　八芳　連絡取れず

いよいよ調布市突入。飛田給で名店に巡りあう

八王子、日野、多摩、府中と、4つの市をはるばると越えて参りました京王線版ホッピーマラソンも、いよいよ調布市へ突入します。正月6日のスタートから早3カ月。ホッピーの飲める店を見つけられなかった駅も加えて、18駅を走って参りました。もう疲れた。もう、そろそろ、いいのではないか。そんな気もしてくる頃合ですが、逆に言ったらここからがスパートすべきエリア。何しろホッピーは調布で作られているのですから。試しにホッピーのあのボトルの裏側を見てみてください。確かに、調布

市多摩川云々と印刷されてあるはずですから。

ということで、まあ、力むこともないのですが、調布市最初の駅は、**飛田給**です。サッカーの味の素スタジアムがある、あの飛田給です。なんですが、味の素スタジアムがあるという以外に、ここから遠くはないところで育ったアタシにも、この街に対するイメージがない。はて、どんな街だったたか。駅を出たら甲州街道のほうへ行ったらいいのか、逆がいいのか、見当がつかない。ましてや、ホッピーの飲める店がありそうなのかどうなのか、まるでアテがない。

そんな話を日ごろよく寄らせていただいている吉祥寺の「ハバナムーン」でしておりましたところ、常連のWさんがやってきました。Wさんは、サッカー観戦のために飛田給駅を利用することもあるので、この際ですから、ホッピーの飲める店の心当りを伺ってみることにしたんでございます。

「ホッピー？　飛田給でねえ。『**いっぷく**』ならあるかなあ。1軒、いい飲み屋があるんだけどね、そう『いっぷく』っていう店。あったかなあ。俺はあそこでホッピーは飲んだことないんだけど。あそこはね。なんといってもレバカツが最高。うん、行ったら食べてごらん。そう、レバカツ。レバーのカツだよ」

アタシはいつもシャツのポケットに入れている小さいメモ帳に「飛田給、いっぷく、レバカツ」と書いた。ンで、書いてみて気がついて、

「で、ホッピーはどうでしょう？」

「あ、ホッピーねえ。どうかなあ。あるかなあ。いや、あるな。たぶん、ある。『いっぷく』ならある。きっと、ある」

アタシはWさんの話を全面的に信じることにしました。

そしてある晩のこと、飛田給の駅で京王線を降りたアタシは、Wさんから教わった「いっぷく」なるお店を探します。たしか道筋も伺ったはずなんですが、何しろ聞いているアタシのほうが常にベロベロですから、よく覚えてない。けれども、そこはまあ、なんとなく、品川通りという道へ出まして、またまたなんとなく右へ曲がっていきますと、ありました、一軒家の渋い飲み屋さんです。大きなのれんが下がっていて、「おさけ」と書かれている。けれど、ホッピーの合図はどこにもない。さあ、ここからが勝負です。

自宅の近くに1軒ほしい、メシも食えて飲める店

店内に入り、カウンターの席に座ります。見回してみて、ホッピーの文字を探すが、どうも、見当たらない。うん、訊くしかない。ンでまた、マヌケな感じなんですが、

「あの、ホッピー、ありますか？」

店の大将と思われる、ちょっとコワモテな感じのオヤジさん、こっちを見る。

「ホッピー、ありますよ」

ああ、良かったあ。ねえよ、なんて言われるとねえ、やっぱり胸にコタえますからね。でも、あった。Wさん、ホッピーありましたよ、ありがとうございました！　って胸の奥で叫びまして、さっそくホッピーを飲む。おつまみのメニューがまた、すごい。こちらのお店、初めて入るイチゲンではとてもじゃないが試しきれないほどの種類のつまみを揃えています。アタシはその中から、豚バラ肉のネギ塩炒め、というのを頼みました。これがまた、うまいんですよ。ご飯にのっけてかき込みたいような感じです。

周囲を見ると、お近くの会社の方々なんでしょうね、揃いの上っ張《ぱ》りを着た人たちが、それぞれに飲んでいる。いや、メシを食っているんです。こちらへお邪魔をしたのは平日の夜のことですからね、この方々はみなさん、残業の途中ということなんでしょうかね。仕事はまだまだ終わらない。けれども、腹は減った。じゃ、まあ、うまいメシでも食ってから頑張ろうじゃねえかって、ねえ。いい光景だよ。こっちはもう、飲んじまってるもんで、ハタから見てて、いい光景だよなんて気軽なことを思うんですが。

最近、こういう光景を見かけなくなりましたね。残業の途中の腹ごしらえったって、コンビニで買ってきたもんなんかでごまかしてねえ、それでもまだおにぎりだのサンドイッチだのって食ってりゃいいほうで、スナック菓子を食ってるヤツも少なくないっていうじゃないですか。いえ、これは聞いた話ですよ。聞いた話ですが、スナック菓子はダメだ。大の大人がお菓子食いながら仕事しちゃダメですよ。頭バカになるよ、本当に。そういうお前はどうなんだって？　いただきますよ。柿ピーとかエビセンとかね。でもアタシの場合は、メシ代わりじゃない。つまみですよ。

だって、菓子類を食うときってのは、ほとんどの場合ビールを飲んでンですからね。仕事中だろうがなんだろうが。え？　それじゃお前さんもバカになるだろって？　その心配はいらないんだ。アタシの場合は、もともと頭が悪いですから。うん、あの、ジ頭が悪いってヤツですよ。よく言うでしょ。ジ頭がいいって。勉強はしないけど、頭そのものがいいってことなんでしょ。嫌味だねえ。でもアタシの場合はその逆ですから嫌味じゃない。酒だってバカスカ飲むんですから、それはもう、もとから良くない頭がさらにヤバイことになってるはずなんです。それでも日々、なんとかお勤めを果たしているわけです。ねえ、エライよ。少ない脳細胞でよく頑張ってる。

とまあ、早くも酔い始めたウスラバカ頭はこんなことに思いを巡らすのでありますが、この豚バラ肉のネギ塩炒め、うまかったねえ。豚バラとネギ、これと塩味の組み合わせってのは、『酒とつまみ』誌上唯一実用的価値があると言われる瀬尾幸子さんの名物連載「つまみ塾」なんかでもね、何回か試しているんです。そんな思い入れもあるからでしょうかね、これをつまみに、実に気分よくホッピーをいただきました次第です。

　さて、お会計をお願いする段になってようやく、コワモテのご主人に、来店目的を話します。するとご主人、

「おっ？　ウチのこと書くの。それじゃあね、ちょっと大袈裟に書いといてくれよ」

ときた。大袈裟に書くったってねえ。よく分からない。まあねえ、人から構ってほしいばかりに小さな話でも気がついたらでっかいヨタ話にするってのが性分のアタシのことですからね。言われなくてもそのへんはね。と思うんですが、ことホッピーマラソンに関してはヨタはないよ。掛け値なし。伝えるべき事実を的確に伝えるという高邁なジャーナリズム精神に則《のっと》ってますからね。

　ンでもって、店を出て小雨の中を気分よく歩いていると、忘れ物に気がついた。レバカツですよ。食べるの忘れてた。どうしようかなあ、引き返してホッピー追加してから、レバカツ頼もうかなって、ずいぶん悩みました。とことん悩んだ。ちょっと大袈裟だよ。でもそれはまた、次の機会のお楽しみということで、飛田給を後にしたのであります。「いっぷく」さんで、いつかはレバカツ——。いい目標ができましたよ。

飛田給：いっぷく

調布市飛田給2〜13〜15　042・483・5601
11：30〜14：00　17：00〜23：00　水曜休

だいぶ帰ってきたよ西調布に全員集合！

さあさあ、調布市突入も2駅目に入りますよ。このあたりになると、われらが『酒とつまみ』スタッフも、都心から近いから少しは参加しやすくなる。そこで、みんなに声をかけて出かけましたのが2005年の4月23日のことでございました。土曜日。まずは東京競馬場に集結。それぞれに馬券を買ってはなけなしの金をもぎ取られ、それでも帰りにはホッピーマラソンがありますから、最後の3000円くらいは財布に残しておこうじゃねえかって、なんとも豪勢な一行なんですが、編集WクンにカメラのSさん、アタシ、そこにもうひとり、そうです、

「ハーセガワくーん」

もいるのであります。ああ、すごいよ。4回目の伴走。WクンよりもSさんよりも多いんじゃないの。すごいね。編集部スタッフの名前もWとかSとか表記しているのに、なぜか長谷川クンだけは実名というのもナンなんですが、そのへんも、やっぱりすごい。敬意を表して実名報道する次第であります。

参りました駅は**西調布**。特急停車駅の調布のひとつ西にある駅です。改札口を出た4人はまず、駅の北側を調べにかかる。ところがなかなか見つからない。ぐるぐると歩き回るのですが見つからない。

「どうも厳しいようですねえ」

長谷川クンです。すでにして、店にホッピーがあるか否かについて、かなり鼻が利くようになっている。利き酒ってのは聞いたことがありますが、この場合、利きホッピーってんですかね。

「例の手でいってみるか」

アタシと長谷川クンは申し合わせて、駅前にある1軒の酒屋さんに入店した。そしてレジにいたご主人に、ホッピーの飲める店はないかと問うわけです。

あった、あった。駅の南口。ものの5分も歩いたところに**「金八」**というお店がありまして、ここにホッピーが置いてあったのです。タン、ナンコツの塩焼きに、ハラミのスタミナ焼き、それにギョウザ。どれもうまいですねえ。

「この塩加減。これまでの4回の中で最高の塩加減です」

きっぱりと言ったのは長谷川クンです。やきとん文化には縁が薄いといわれる関西から出てきてまだ1年というのに、はや、やきとんの塩加減についてコメントしている。エライ。タン塩2本プレゼントします。

さて、今回は久しぶりにカメラのSさんの登場です。ちょっとプライベートな話になりますが、前年の悲しい別れがもたらした傷もまだ癒えない51歳。飲めば、荒れた酒になりがちです。とはいえ毎日毎日同じ愚痴を聞かされてきた編集Wクンはそっぽを向いてホッピーを飲んでますし、アタシの場合、ハナっから聞く耳を持ち合わせておりませんので、餌食となったのが長谷川クンです。

「聞いてくれよハセガワくん」

何かといえば、このフレーズで話を持っていってしまう。さきほどの、「4回の中で最高の塩加減」という話にしたって、後を受けたSさんはたちまちにして、

「昔はよく家のベランダでエリンギなんかを焼いてよ、塩振って食うのよ。子供たちがうまいうまいって言ってよお。それが今じゃよお！」

って具合に持っていってしまう。

これはまずい。せっかく来てくれた長谷川クンの酒がまずくなってしまう。

そう思ったときには、すでに遅かった。まだまだ不慣れなホッピーを、向かいのSさんから次々にドボドボと注がれていた長谷川クン、急激に酔いが回ってきた。それもそのはず、バーテンダーの彼は前日も夜遅くまで（この当時の「ロックフィッシュ」は朝5時まで営業していた！）仕事をしていたわけですから、ただでさえ眠い。まだ20代。休みの日には10時間でも眠っていられるくらいの体力がある世代。だから

こそ、眠いんだ。そこらへん、ちょっと酒が少なかった晩なんかに何度も目が覚めてしまうようなアタシやSさんみたいな「ションベン切れも悪い人生下り坂オジサン」とは違う。

コクリ、コクリ。長谷川クン、とうとう船を漕ぎ始めた。

「なんだよ、寝ちまったのかよ。おい、ハセガワ、しっかりしろ！」

ドロ酔いの眼で睨むはSさん。

あんた、それはひどいよ——。アタシはそんな言葉をホッピーと一緒に流し込み、長谷川クンの肩をそっと抱いたのであります。

ところで、この「金八」さんですが、このときすでに25年も営業を続けてこられたお店ということです。地元の常連客に長く長く愛されてきた飲み屋さんの、まるで家に帰ったときのような温かい空気が流れていますよ。

そんなお店ですから、この日のホッピー飲みの顚末をいずれは本に書きたいと申し出たときも、奥さんは、宣伝ならいらないときっぱりおっしゃいました。いいですねえ。お客さんはしっかり付いている。このうえ、宣伝して新しいお客さんに来てもらう必要もない。そういう余裕が、店で寛《くつろ》ぐひとときに、一層のゆとりを与えてくれるんじゃないでしょうか。ひとりで出かけて、スポーツ新聞でも読みながらもつ焼きをつまみ、ホッピーは外1本で中身3杯。そんな、ある意味でとてもぜいたくな、ひとりっきりの時間を過ごしてみたいお店でした。

西調布：居酒屋金八
調布市上石原2〜41〜16　042・487・9749
17：00〜22：00から22：30　不定休

読売巨人軍調布本部にてホッピーをぐびり〔調布〕

引き続きまして調布であります。このあたりから毎週土曜日、定期的に、ひと駅だけを攻略するというペースになって参りました。思えば中央線全駅制覇を目指した連載中は、ひと晩で多いときには3駅も回ったりして、飲んだホッピーが合計10杯とかねえ。ありゃキツかった。だから、京王線で帰ってくるこのボーナストラックでは、あまり無理せず、ゆっくりと回っていくことにしたんですが、これ、やっぱり体がラクですねえ。本当にラク。1軒でバカみたいに飲んでしまうことがあったとしても、そこで切り上げればダメージは少ない。それも、連日マラソンをするわけではないから、これがまた、ラクなんです。中央線バージョンではホッピーを飲むこと自体が勝負であったのですが、今回はもう、勝負ではなく、お散歩です。実に気分がいい。

調布駅は、特急が停車する駅で、駅の南北にいろいろなお店がある。北口、パルコの裏あたりは、なかなかシブイ定食屋さんなんかもあって、路地好きのアタシなんぞは、ただ歩いているだけでも楽しい。

と、見ますと、ありました、ありました、ホッピーの幟です。これがあるととても安心。つかぬことをお伺いしなくていいわけですからね。で、さっそく店内へ入るというと、ああ、驚いた。このお店、読売巨人軍調布本部なんだそうです。ジャイアンツ関連の写真と、このお店のお客さんのお写真がにぎやかに貼ってありまして、実にどうも、わが町の居酒屋という顔をしているのであります。お店の名前は**「寿々久」**さん。

時は5月の連休明け、競馬ではいつものことながら尻の毛まで抜かれてしまいましたが、こういうお店に来ると自然と気持ちが和みますよ。ホッピーを頼む。つまみはエシャロットと、マグロの山かけ。ジャイアンツの熱狂的なファンだったガキのころを思い出しながら、ひとりゆっくりと、飲み、かつ食べるのであります。

アタシのガキのころといえば、まだ長嶋の現役時代ですよ。後楽園球場へ連れてってもらうときは、三鷹駅で電車に乗るときから左手にグローブはめてましたからね。外野で見るなら、ホームランを取ろうということなんですがね。オヤジが奮発して内野席を取ってくれるときには決まって3塁側。そこからだと、1塁側のジャイアンツのベンチ（今はダッグアウトってんですか）が見えるからなんです。柴田、高田、黒江、土井、末次（いや国松か）、そしてもちろん王、長嶋がいて、キャッチャーは森。牧野コーチがいて、川上監督がいる。監督おっかねえ顔してんなあなんて思ってね。何年か後に川上野球教室ってのに参加したことがあんですけど、小学生相手だってのに、この人、ホントにおっかなかった。やっぱり神様は違うねえ。

で、時刻はまだ4時とかね。試合開始のはるか前から球場へ行ってンですよ。そう、練習を見る。硬球の、コーンと響くいい音に憧れましたねえ。シートノックも良かった。なんて肩してんだろって、初めてプロ選手の肩の良さを見たときには、文字通り度肝を抜かれてションベンちびりそうでした。

で、オヤジはビールだ。アニキとアタシはファンタ。特別なんだな、何もかもが。オヤジはビールを一息に飲むよ。大酒飲みでしたがね、実にうまそうに、一気飲みをする。ハタで見ているアタシも、ビールを飲める年になったら絶対一気に飲むぞと決意していたもんです。バカな子供だよ。このころ、オヤジのこと、好きだったんですねえ。アタシもそういう父親にならなくてはいけない、ってなことを、ひとり、飲みながら思います。

ホッピーがうまい。エシャも山かけも、うまい。

「1軒4万円で120世帯だろ。なのにウチらの取り分が全部で120万円ってどういうことよ……」

ふと気がつくと、近くのテーブルで飲んでいる職人さん風の男たちの声が聞こえます。住宅設備関連でしょうかね。土曜日だってのに仕事をこなし、お仲間で飲みに来たんでしょう。お疲れ様でございます。リーダー格と思われる人が、若手のお仲間に、まあまああしかたがねえよってな感じで何事か言い含めているようにも見える。カッコいいんだなあ。朝から体使って働いて、夕方に、飲む。それが無性にカッコいい。若い職人さんの肉厚な肩のあたりに、なんかこう、一種の空気がある。これは疲れじゃなくて、充足だよなあ、なんてことを思います。憧れがあるんだ、体ひとつで生きている人に。アタシのような、人様のお話を聞いちゃそれを原稿にしておアシをいただくというヒネた商売をしている身にとっちゃ、こういう方々がヒーローに見える。こういう方々の姿をちらちら見ながらホッピーを飲むってのも、実はひとりでホッピーマラソンをするときの、アタシの密かな楽しみでもあるんです。まあね、ちょっとヒガミっぽいって言えば、それまでなんですがね。

そんなことを考えるでもなしに考えながら飲んでいると、また別のテーブルの話し声が耳に入ってきましたよ。盗み聞きをしているわけじゃないんですがね、どうも、ひとりで飲むときってのは、こんな感じになりがちだ。

初老の男性が、店の手伝いをしている若者——高校生かな、頭もね、長髪じゃないがボサボサにしている最近の子だ——に話しかけています。

「いくつになった？」

「はい、17になりました」

お？　なかなかしっかりした受け答えするじゃねえか。

「ビール飲め」

「もう少ししたら、いただきますから」

青年、いや、少年は、ボサボサ頭をペコリと下げて笑った。

コイツ、いいなあ。って、アタシは思う。

あと3年で20歳か。いやいや高校を出たならば、飲もうじゃないか。

そのときにはぜひとも、このホッピー飲みのヘンなオッちゃんのサカズキを受けてくれよ、なんか思う。

調布の夜は、腹の底のほうがボワーッと温かくなるような、いい夜になりました。

調布：寿々久
調布市小島町1−34−48　042・498・6755
17：00〜翌2：00　日曜休（不定休）

ホッピー探しのプロと行く、布田、国領

調布でひとり、いい気分の夜を過ごした翌週は、またまた長谷川クンが伴走してくれました。まず向かいましたのが、調布の隣駅、**布田**でございます。

「南口っぽいっすね」

かなんか呟いたかと思ったら、長谷川クンはもう、歩き出している。ホッピーを飲ませる店のある周辺の匂いを嗅ぎ分けているんだ。ねえ、足取りなんざ、自信満々て感じです。そんでもって、線路からいくらも離れていない1本の路地へとスっと入る。

「みーっけ！」

おお！　そこには、ホッピーと書かれた看板のある店がデンと建っているのでした。さすがだ。もはやプロフェッショナル。伴走参加5回目にして、免許皆伝。表彰したい。

ふたりして、ホッピーの看板を見上げます。写真も撮る。再び、今度は声を合わせて、

「みーっけ！」

バカですよ、どうにも。

さっそく店内へ入ります。店のお名前は**「三三九」**。なんだろうね、サザンがキューってことでしょうかねえ、なんか言いながら入って参りまして、さっそくホッピー

を頼み、早々に来店目的もお告げします。

「そうですか。それはどうも。ゆっくり飲んでいってください」

温厚な感じのご主人が優しく迎えてくれる。お店の読みは、サザンがキューではなくて、サンサクと読むンだそうです。いいですねえ。サンサク。ぶらぶらとホッピーを飲める店を探していくそぞろ歩きにはぴったりの名前だ。

注文しましたのは、タン、ネギ、ナンコツの塩に、ニンニクのてっぽう焼き、それから冷やしトマト。長谷川クン、ホッピーのジョッキを傾け、ぐびりとやる。堂に入ったもんですよ。タン塩の串を口に運ぶ手つきなんかも、ずいぶんと手慣れた感じになってきますね。関西から来た白皙《はくせき》の青年は、東京のモツ焼き屋でひと皮むけて、はや、アタシと同じホッピーオヤジ的風格を漂わせ始めているのです。いいのか、それとも悪いのか。アタシは知らない。

つまみはどれも、これこそホッピーに合うものばかりで、結構進みましたねえ。中身のお代わりを3回くらいかな。でかいジョッキで、中3杯。外はふたり合わせて3本くらいだったでしょうか。すっかり満足したアタシたちは店を出て、まだ薄ら明るい中、ひと駅だけ京王線に乗って、次なる駅、国領へと向かいました。

布田：三三九
調布市国領5〜1〜4　042・487・1040

17：00〜24：00　第1、3、5日曜休

メニューにホッピーがなくても、あることの謎を解く

ここが、ちょっと苦労をした。店の前に出している品書きにシークワーサー・サワーなんて書いてある、いわゆるそれっぽいお店はあるんですが、その店内をいくら覗いても、壁にかかっているメニューにホッピーの4文字を見つけることができない。とかくなるうえはと店へ入り、ホッピーの有無を尋ねれば、ああ残念、置いてない。はたまた、実に雰囲気のある立ち飲み酒場も見つけたのですが、ここもなぜかホッピーを置いていない。

思い返せば、多磨霊園駅のお店でご一緒させていただいたホッピーに詳しい旦那さんたちは、調布あたりへ行くと、メニューには書いてなくてもホッピーを置いている店が多いよと教えてくださいました。事実、武蔵野台、飛田給あたりでは、店の外にその目印がなくても、中で聞いてみれば置いているってなことがありました。これはどういう理由なのかと、当時から思っていたのではあります。目印はないのに、店に入るとホッピーはある。あるなら、ステッカーの1枚くらい貼っておいてくださっても良さそうなものなのにヘンだなあと、まあ、こう、ないアタマを絞るんでございま

すがね。国領で、なかなか店が見つからずにウロウロしているとき、アタシはひとつの考えに至りました。

府中には、大きなビール工場がある。当然、営業的にも迫力があるだろう。そしてホッピーとビールは、夏場の最初の1杯なんてときにはちょっとした競合関係にあるだろうから、周辺のお店では、ひとまずそのビールの幟なんぞを立てておいて義理を果たし、その一方でどうしても俺はホッピーなんだーという御仁には、ちゃんとホッピーをお出しする。そんなことになっておるのではないか、と、実に鋭く考察したのであります。そして、かかる仮説によるならば、ここ国領においては大ビール会社の営業的プレッシャーがより強く、ホッピーをそっと取り揃えることもままならずに、完全に撃退されてしまったのではないか、という結論が導かれるのであります。

おお、なんということだ。アタシはね、ホッピーをよく飲む男です。しかし、ビールも、たいへんよく飲む。どっちもたくさん飲むんだ。そんな飲兵衛の、どっちも飲みたい気持ちを踏みにじる構図が現実のものであるとするならば、ここはひとつ、横暴なる大資本に対し、革命的鉄槌《てっつい》を下すときである！　などと、もう酔っ払っちまったみたいに考えるのでありました。

と、駅からずいぶん離れながらも店探しに余念のない長谷川クンが、ある店の裏へ回った。戻ってきていわく、

「博水社ですね。ハイサワーですよ」

店の裏に積み重ねたケースをチェックしてきたんですね。さすがはバーテンダーだ。炭酸飲料メーカーには詳しい。ですがね。どうにもホッピーが見つからない。これには困りました。ホッピーを訪ね歩く我らはたっぷり1時間ほど歩き回り、とうとう、駅へ続く通りへと戻ってきてしまった。

「だめかな、今日は」

「厳しいですね」

「駅前でビールでも飲もうか?」

「そうですねえ」

うなだれながら駅へと向かい、我らは小ぎれいなイタリアンレストランの前を通りかかります。

イタリア人にもホッピーを!〔国領〕

アタシはもう、ビール飲んで冷奴でもつつけばそれでいいやなんて投げやりな気分なんですが、あきらめきれない様子の長谷川クンは、スルスルとそのレストランのほうへと歩いていく。店の前には、料理やワインの名前や値段を記したメニューが出ています。長谷川クンは、それをチェックしてくれているんですね。あるわきゃないよ。ホッピーだよ。ホッピーがイタリアンに？　そんなこたあ、いくらなんだって……、

「みーっけ！」

ウソだろオイ！　って叫ぶアタシに、長谷川クンは満面の笑みを浮かべて再度、

「みーっけ！」

と叫んだのであります。

見てみると、パスタだのグラスワインだのと書いてある端っこに、本当だよ、あった、あった、ホッピー、だってさ！

店へ入るとですね、土曜日の夕食どき、店内はご家族連れやカップルでいっぱいだ。ねえ、そらそうだ。本当にホッピー置いてるのかねえ。俄然、心配になりますが、ぎりぎり空いていたテーブルに席を取ったアタシたち、メニューを見て噴いた。ホッピー、本当の本当にあったんです。外350円。中身は2杯分で400円。これがホッピー・セットなんだあ！　ああ、驚いた。だってねえ、お店の名前、**「ラ・ファリーナ」**ってんですよ。「ラ」なんて付く店、ここまで長い旅路でございましたが、これが初めて。そりゃあそうでしょ。「ラ・トリシゲ」とか「ラ・カガヤ」なんてねえっての。いや、あるかもしんねえなあ。まあね、とにもかくにも、昔、中央線バージョンのとき、JR武蔵境駅で、うどん屋さんでホッピー飲んだことがありましたけど、

あれ以来の驚きなんであります。

　こうなるとね、歓喜の国領という感じですよ。やってみようじゃねえの。ホッピーでイタリアン。タン塩！　なんて叫びそうになるのをぐっと堪えて注文しました。

「あ、あ、あの、えーっと。アンチョビとモッツァレラ・チーズのトーストとですねえ、えーっと、ほら、あの、手羽先のピリ辛グリルなんかもいってみようかなあ」

　アタシは、レストランで注文をするのと散髪屋でじっと座っているのと、洋服屋でこんなんいかがでしょなんて聞かれるのが大の苦手。逆上してしまう。その性情を察知した長谷川クンが助け舟を出してくれますよ。

「トリッパいってみましょう。胃袋ですよ。やっぱり、ホッピーにはモツでしょ」

　ハセガワくん……、えらい。

　で、トリッパのトマト煮フィレンツェスタイルっての、頼みました。これ、うまいねえ。初めて食った、いや、いただきましたんですがね、トマトとジャガイモと、牛の胃袋とがねえ、なんてんですか、よく煮えてる。トリッパってのは蜂の巣って意味なんですってねえ。長谷川クンが教えてくれた。

「へえ、蜂の巣なんだねえ。蜂の子もうまいけどねえ」

「いや、だから、蜂の巣みたいだから。胃袋なんすけど、トリッパって」

「あ、そうか、ギアラみてえの」

「なんすか、ギアラって」

「牛の、第4の胃袋のことよ」

「はあ」

そんな感じでございますよ。

ボーノ・ボーノ、ンで、イタリアンがホッピーに合うのかどうかって話ですがね、でございます。ホッピー・セットをお代わりして、さらにLサイズのピザを頼みまして、結構飲んで食って、すっかり調子が出ましたからね。

帰り際、このお店のオーナーさんにご挨拶しましてね、なんでホッピー置いているんですかって訊きました。そしたら、

「私、ホッピー、好きなんですよ」

これです。これに尽きます。

国領：ラ・ファリーナ
調布市国領町4〜35〜2　マンション国領1F　042・486・2267
11：30〜14：30　18：00〜23：00　月曜休

第8区　泣くな肝臓！　柴崎〜仙川編

ボディビルダーのいる中華屋さん、恐るべし！〔柴崎〕

なんかこう、ぐぐーっと進んで参りました京王線版ホッピーマラソン。都心へ向けて逆走中でありますが、国領の次の駅は柴崎であります。

昔ここに、でっかい釣堀があってねえ。沿線で育った人なら、週末に高尾山とか多摩動物園とかに出かけるとき、車窓から見たことのある人も多いのではないでしょうか。今もあるのかな。ちょっと小さくなってしまったような記憶があります。あ〜あ、日がな一日、鯉釣りでもしていたい。

で、柴崎でホッピーを飲むのに参加したのは、カメラのSさんと、ご存知、長谷川クン。7駅目。タフだよ、この青年は。毎度のことながら改札を出るというと当てずっぽうに町を歩くわけです。そう、釣堀のある（昔あったほう？）に向かっていく。

でも、なかなか見つからない。これは国領に続いて困ったことになるかもしれないと、ちょっと心配になったそのとき、またもや幸運が訪れたのであります。

例によって飲食店を見つけては裏のケースを入念かつ瞬時にチェックする長谷川クン、今回は実に重々しく、

「ありました」

と、ひと言発声したのであります。

店の名は、**「中国料理大雄」**。ごく普通の、町の中華料理店ですよ。しかし、ケースで確認していますからね。我ら3人は入店するや自信満々に、

「ホッピーをおくれ」

と口を揃えるのであります。お店の女性が言う。

「あれ？　うち、ホッピー置いてるってメニューにも書いてないのに、なんで分かったんですか？」

「そらもう、店の裏に、ホッピーのケースがあることを確認してますからね」

答えるのはカメラのSさんだ。あんたが威張ることたあないんだと突っ込みたくなりますが、長谷川クンはいつものように涼しい顔で聞き流しております。

注文したのは、ギョウザや野菜炒めなど。それを肴にホッピーを飲むわけです。しばらくご歓談あそばしていると、お出かけになっていたこのお店のご主人が戻ってこられましてね。京王線沿線でホッピーを飲める店をお訪ねし、その顛末を本にしたいと告げますと、とても歓待をしてくれました。

立派な体つきをしている人でねえ。それとなくお話を伺っているうち、ボディビルダーであることが判明いたしました。道理ですごい上半身だと感嘆したわけです。しかも、全国大会の決勝まで進んだことがあるという。

長谷川クンは空手家ですし、Sさんもその昔はラグビー選手だったから、ともに肉体には多少なりとも自信を持っている。話は盛り上がりを見せますよ。

そこへいくと、ヒネたことしか経験してきていないアタシなんぞはボーフラみたいなもんですがね。今も隆々と盛り上がる大胸筋を保っているご主人のお姿には、ただただ感動するのであります。そういう姿を見ていると、なんかこう、俺も食わなくっちゃ、なんて思うんですねえ。で、レバニラ炒めなんぞを頼んでバクバクと食べ、ホッピーをまたまたぐびりとやるわけです。

「ウチの店のお客さんにも、ホッピーの好きな方がいるんですよ」

とご主人が言う。ボディビルのお仲間だそうで、中には、キンキンに凍らせた大きなジョッキで、ホッピーを12杯飲んだ方がいらっしゃったといいます。

「ウソー！」

と叫ぶ間もなく、ご主人が畳み掛けます。

「中華鍋で飲んだ人もいますよ」

えーっ！　肉体はもとより精神面においてもボーフラのごとくか弱いアタシは、そろそろこのお店は引きあげたほうが身のためではないかなどと思い始めますよ。

でもね。1杯1杯のジョッキを凍らせておいて、ホッピーをおいしくしてくれるこのお店の配慮にはアタマが下がりましたね。お代わりの1杯のために、凍らせておいたジョッキを新規に出してくれるんですよ。これは、やっぱり、うまいねえ。ぐびぐびと、次々に、ホッピーを飲みたくなる。調子が出ますなあ。

「はい、これ、僕からです」

見れば、テーブルに熱々のホイコーローの皿が出てきましたよ。ご主人の奢《おご》りです。嬉しいねえ。

「大雄」の大将、またいつか、必ず参ります！

柴崎：中国料理大雄
調布市菊野台2〜30〜1　042・483・2960
11：00〜15：00　17：00〜21：00　火曜休

マッコリ、モッコリ、マッコリッピー！〔つつじヶ丘〕

さて、次なる駅は、もうほとんどアタシの地元、**つつじヶ丘**です。なんかこう、追い込んできた感じですよ。帰ってきたねえ、はるばると高尾から。

土曜日の東京競馬場で編集Wクンと合流。馬券を買ってる間は、あんまり話なんかしないんですが、終わるとなると、まあ1杯行こうやってな話になる。それで、つつじヶ丘でのホッピーマラソンということになるわけですが、この駅にはもう、店のアテがあった。

北口ロータリーのそのまた北側、甲州街道までの間にあるビルの1階。店のお名前は**「ホルモン本舗昭和館」**であります。

この日は、競馬でちょっと勝ちまして、浮いたのが2万5000円。ご機嫌ですからね。

「おう、今日は焼肉にしようぜ」

かなんか言って、編集Wクンをホルモン本舗に誘うわけです。

「焼肉？　どうせ、安い焼肉でしょ」

って、あなた、なんでそういうことを言う？　奢るって言ってんだから、もう少し盛り上がれねえのかってねえ。

でもね。それもそのはずでね。もう何年も前の話になりますが、やっぱりWクンと一緒に土曜日の競馬場で遊びましてね。そのときたまさかアタシが30万円ほど取った。まったくのマグレですがね。そのときも、今日は何でも食ってくれってね、馴染みの店へ連れて行った。

そこがねえ。ひとり3000円くらいありゃ十分に飲める大衆居酒屋で、ふたりで飲み食いした挙句の勘定が7000円。その後も、同じ方角の帰り道だからってんで、バスの停留所まで走ったンです。30万円も勝っておいて、2000円くらいのタクシー代を惜しむかってねえ、あのときは、こんなケチ見たことないって言われたもんでございます。だから、焼肉を奢るぜと豪気なところを見せようたって、Wクン、なかなか信用しねえんだ。

うん、確かにね、ケチだよ。後日、編集部紅一点のY子ちゃんを誘って、3人でやっぱり競馬場へ行ったことがあるんですが、その帰りにも同じ居酒屋で飲みましてねえ、店を出た後、早々にバス停へ向かおうとするWクンを制して、

「さあさあY子ちゃん、疲れたからね、タクシーで帰りましょ。送りますよ〜」

なんてこと、言っちまったことがある。あはははは。ケチっていうより、セコい。

でまあ、そんなことはどうでもいいんですが、この「ホルモン本舗昭和館」のメニューは価格も手ごろだし、味もいいし、なかなか楽しいお店なんでございます。最近流行りのレトロ風な店の造りなんですが、嫌味がなくてねえ。つまみは、焼肉です。まずは好物のタン塩を頼んでホッピーで乾杯します。

「刻んだネギをタンで巻いて食べてください」

オカミさんですよ。おお、そうかそうか、タンで巻くんだ。塩味のネギを巻きこんだうえで、それをほお張る格好です。

「これは、結構いけるねえ」

「タケさん、巻けてないですよ」

あははは。本当だよ。Wクンのタンは上手にネギを巻いているのですが、アタシのタンは斜めに折れちまって、ネギがこぼれ出ている。アタシはねえ、本当に手先が不器用なんです。ものを食うのもうまくねえなんて、淋しい人生でございますよ。

それはともかく、こちらのお店の「壺漬けホルモン」もよかったねえ。ホッピーが進みます。どれくらい飲んだでしょうかね。競馬に勝って気分はいいし、帰りも自宅まですぐ近くですからね、非常に気持ちが楽。さあ今夜はガンガンいってみようかなあなどと思いながら店内を見回していると、

「モッコリ」

と書かれたメニューを見つけました。さっそくオカミさんに伺いましたら、これ、マッコリのビール割りだそうでございます。なんとなくゴロがいいので、モッコリと命名したということですが、この飲み方は、プロレスラーの蝶野正洋さんもお勧めしてましたね。『酒とつまみ』第3号の「酔客万来」というインタビューのとき、伺いました。だから、一度別の店で試したことがあるんです。

これ、実にうまい。最初はね、ホンマかいなって思っていたんですが、飲んでみて驚いた。これにヒントを得て、同じく『酒とつまみ』第3号の誌上で、にごり酒をホッピーで割るという「にごりッピー」なるものを試したことがありますが、これがまた、良かった。シュワシュワしましてね。ンで、いつかは、マッコリをホッピーで割

るという冒険をしてみたかったわけです。

今夜がそのチャンスですよ。オカミさんに、まずはモッコリをいただき、その後で、マッコリだけを単品でいただきまして、大きめのグラスを借りて、これをホッピーで割ってみる。飲み比べだ。

「マッコリを何で割ればいいか、いろいろ試してみて、ビールがいちばんという結論になったんです」

オカミさんはそうおっしゃるのですが、こちとらはホッピー飲みでございますから、ホッピー割りを推奨したい。で、どんな感じか。これがねえ、結構イケますよ。名づけて「マッコリッピー」。モッコリのほうが少し甘い感じがするのかなあ。でも、マッコリッピーも捨てがたい。当然ですがね、マッコリをそのままってのも、うまいですよね。

余談ですが、って、この本、全編余談みたいなもんですが、以前、やはりつつじヶ丘の別の焼肉屋さんで飲んだとき、調子が出てねえ、店のマッコリを品切れに追い込んじまったことがある。3人で飲んでいたんですが、マッコリのお代わりを繰り返していたら、アルバイトの女の子が申し訳なさそうに、

「あ、あの、マッコリ、品切れです」

あははは。どっかで買って来い！　ってねえ、井筒監督みたいに叫びはしませんで

したが、まあ、それくらい焼肉を食うときのマッコリは好きだっていう、くだらねえ余談なんでございます。

それで、マッコリ、モッコリ、マッコリッピーを次々に飲みながら、比べる。いや、味比べなんて高度な技は、アタシにもWクンにも所詮無理なんだ。

うん、うまい。オッ、これもいいねえ。やっぱ、マッコリそのまんまってのも捨てがたいですねえ。ってなもんですが、普段は飲めばほとんど食べないアタシもこの夜ばかりはよく食べた。おいしかったねえ。

つつじヶ丘：ホルモン本舗昭和館
調布市西つつじヶ丘3〜37〜2　YOKOTAファイブ108
042・442・2755
17：00〜24：00　水曜休（ただし、祝日の水曜は営業し、振替で翌木曜休）

重松清さん登場！　仙川で大騒ぎ開始

帰って参りました。アタシの、京王線における最寄り駅が仙川でございます。近くで生まれ育っておりますからね。町がどんどん変わっちまった悲哀なんかもあるにはあるんですが、昔の面影を残している一画も残っていないわけではない。だから、競馬の後なんかには、ちょろっと寄って、1杯のつもりが2杯、3杯になり、その間、店のテレビでナイターを見たり、読みかけのミステリー小説を読み切っちゃったりと、気ままに過ごすわけです。昔あった釣堀が今はないのが、とてもとても淋しいのですが、まあ、酒の2杯も入れれば、思い出だけで十分なんであります。

前駅、つつじヶ丘まで来たとき、ふと、思いました。このまま新宿まで帰るのでは、新宿からまた帰ってこなくてはならない。『酒とつまみ』編集部のスタッフなら、必ずそう言いますよ。かといって、中央線はもう走ってしまったわけで、京王線も終わったとなると、今度は小田急線にして下北沢で井の頭線に乗り換えて吉祥寺に帰ればいいじゃんよ、なんてことになりかねない。嫌だ。それは嫌だ。

ンで、まことに突然ではございますが、仙川を、この帰ってくるホッピーマラソンの最終駅とすることを発表させていただく次第です。なんだよおい、千歳烏山はどうすんだ、下高井戸もいいぞ、明大前でオレの青春の店を訪ねる熱い企画はどうなるんだと、各方面からお叱りの声が聞こえてきそうなんですが、えーい！　どうも、すみません。

仙川でございます。最終駅。最近でこそ快速電車が停車いたしますが、もとははんとに小さい駅でした。当時はまだ、濃い緑色の古い車両が残っていた。床なんて板ですからね。それが、ゴオオオーーーーって、いい音させて、ゆっくりゆっくり走り出す。運転手さんのすぐ後ろにへばりついてね。進行方向を見ていると私鉄は駅の間隔が短いからすぐに次の駅が見えてくる。減速しながらホームへ入り、停車するとプシューっと音がしてドアが開く。ああ、懐かしいよ。京王線に乗るたびに、将来は電車の運転手になるのだと思い決めたもんでございます。ああ、でもねえ、ならなくて良かったよ。こんな酔っ払いを運転手にしたら、電車なんてすぐに脱線してしまう。ばくち打ちに財務部長をやらせるようなもんだ。

そんなことはどうでもいいんですが。この日、2005年6月11日の土曜日は、ホッピーマラソンにとっては記念すべき日となったのです。最終駅だからってのはもちろんなんですが、驚くべきはそのゲストです。なんと、作家の重松清さんが、参加してくれました。

重松さんには、『酒とつまみ』第6号の「酔客万来」にご登場をお願いしまして、そのときはもう、いろいろ公私にわたってダメ出しを食らい、生まれ年が同じのアタシなんざ、それはもうへコんじまったもんですが、そのとき重松さんは、お前ら、なんかおもしろいことやるときは俺も混ぜろよと、こう言ってくれたんですね。で、お誘いした。ホッピーマラソンの最終回を仙川でやりますが、参加しませんかと。そしたら、すぐにお返事をいただきました。

「行く、行く」

ああ驚いた。で、本当に来ていただきましたよ、午後の5時。当方はアタシに、カメラのSさん、編集Wクン。合計4人で、アタシが仙川で飲むといったらここ、**「きくや」**の座敷へ上がります。

「ホッピーでハッピー！」

乾杯です。2002年の5月に東京駅八重洲口の「加賀屋」さんで覚えたひと言を大声で叫びながらの乾杯です。モツ焼き各種、冷奴にトマトにニンニク揚げにと、がんがん注文しまして、さあさあ、にぎやかに盛り上がります。かつてホッピーを17杯飲んだことがあるという重松さんの飲み食いは誠に豪快。

「タケさん、ここ、よく来るの？」

「ええ、自宅は近いんですが、どうしても寄ってしまう」

「ばか、早く帰れよ！」

「へへえー」

いきなりヘコむんでございます。

オリジナル企画満載。ヨタばかりの編集会議だ

大物ゲストの参加で俄然盛り上がるホッピーマラソン。どえらい勢いでホッピーを

飲みまくる。アタシなんぞも、この店からなら文字通り這ってでも帰れる感覚ですからね、重松さんのツッコミも楽しく受け止めつつホッピーを思いのたけ、飲むんでございます。

「企画を考えようぜ。『酒とつまみ』のオリジナル企画で勝負しなきゃダメだ」

と重松さん。サングラスかけて、どこぞの恐い兄さんかと思いますが、実にどうも、我がことのように『酒とつまみ』を可愛がってくれる。これは、ありがたいねえ。

京王線ホッピーマラソンをやってきてどうなんだと尋ねるので、府中・調布界隈では、ホッピーが大ビール会社に苦戦を強いられているかもしれないというアタシの個人的見解を述べます。すると、重松さんが言う。

「サントリーだな。府中に工場があるんだよな」

「ホッピーも、工場は調布なんです」

「よし、府中でニッカ・バーを探せ（笑）」

「なんで?」

「バカやろ。そういう気概を持った店を『酒とつまみ』が特集しなくてどーする!」

ははあ。なるほどねえ。

「でも、あるかなあニッカ・バー、府中に……」

「じゃ、こんなのはどうだ。東急東横線で行くホッピーマラソン!」

「えーっと、あの、ああいうお洒落なエリアってのはアタシがいちばん縁のないところでして」

「何言ってんの。田園調布でホッピー飲みまくるからおもしろいんだろ。やれよ、絶対ウケる。そうやって、ゲリラ的な情報発信をどんどんしていけば、『酒とつまみ』の将来は明るい！」

田園調布ねえ。あるのかなあ、ホッピー。でも、あればおもしろいかもしれねえなあ、などと考えますよ。

飲兵衛集団の話にはなんの脈絡もなくて当然ですが、この日もそんな感じになってきた。重松さんから、オリジナルの酒を考案しようじゃねえかってな話も飛び出したね。Wクンの実家が農家だと聞いた重松さん、間髪入れずにアイデアを出してくれました。

「米だ。酒米を作るんだ。その米でオリジナルの酒を作る。いいぞ、酒の名前が『酒とつまみ』って、なんだか分からねえ（笑）」

あははは。ラベルが目に浮かびます。すると横で聞いていたWクンもご発言。

「僕は日野の生まれなんですが、お隣の立川の名産はたしか、ウドですよ」

「おお、それはいい。ウド焼酎、いってみよう！　名前は『大木』。バカしか飲まない！」

一同、爆笑であります。

そんなこんなでにぎやかに飲むうち、夜は少しずつ更けて参ります。ホッピーの瓶がゴロゴロ転がってる。壮観でございますよ。

飲み始めから4時間くらい経った頃でしょうか。重松さんが先に引きあげることになりました。わざわざホッピーマラソンに参加いただきましたことに感謝してがっちり握手。それからなんの脈絡もなく、

「ジャンケンポーン！」

負けました。

店の外でタクシーを待つ重松さんと、もう一度握手。別れ際のがっちり握手はいかにもオヤジですが、オヤジなんですから当然というものです。

再び店へと戻りますと、カメラのSさんはすでにぐったり。編集Wクンも、かなり飲んだようです。アタシのほうも、どうやら、頭ン中がボンヤリしてきた。

中央線が全32駅、京王線は途中までとはいえ26駅。合計で、えーっと、58駅だ。飲んだねえ、実によく飲んだよ、ホッピーばっかり。もう、しばらくはホッピーはいらねえなあ、なんて、ボンヤリ頭で考えます。

しかし、目の前のテーブルを見れば、ジョッキはおおかた空になってはいるものの、ホッピーのボトルにはまだ残りがたっぷりある。これを残してはいけない。

「すいまっせーん！　中3丁！」

頼むンであります。運ばれてきた中身に、ホッピーを注ぐ。この動作をいったい何回繰り返してきたことかと感慨もひとしおです。

「では、ホッピーマラソンの完走を祝して、ここで再び乾杯をいたします！」

もうヘロヘロの3人、ジョッキを持ち上げる。

「ウェーッス！　お疲れーっス！」

なんとも締まらないんでありますが、それがこの、ホッピーマラソンの真骨頂だ。思えばこのふたりとも、実にたくさんのホッピーを飲んできたものです。春に飲み、夏にも飲み、秋にも冬にも飲んで参りました。

気がつけば、ホッピーマラソンの1回目で東京駅八重洲口で飲んでから、すでに3年が経過しています。アタシとSさんの頭髪は減り、Wクンは心労からか生活苦からか、激ヤセしてしまいました。そんな3人が、朦朧としかかった頭で、まだホッピーを飲んでいる。ダラダラとホッピーを飲んでいる。この最後の1杯と思われるジョッキを飲み終えるタイミングが揃えば問題はないのですが、もし、ズレるということになると、先に飲み終えた誰かがきっと、

「中、もう1丁！」

と叫ぶに違いないのであります。

最後の最後、もうこれ以上は飲めないというところまで、やはり、ホッピーマラソンは終わらないのかもしれないのであります。
ああ！　もういいよー！　頼むよー、もうカンベンしてくれーーー！

仙川：きくや
調布市仙川1−11−1　03・3309・5622
16：00〜24：00　火曜不定休

単行本あとがき

最後まで読んでくださった皆様、本当にお疲れ様でございました。吐き気を催しませんでしたか？　え？　もっと飲め？　嫌ですよ。ここらが限界です。

京王線版のホッピーマラソンを走り終えたのが、2005年の6月のことで、一気に原稿をまとめて夏には出版する心積もりだったのですが、その後、ビールを飲みまくっている間に秋になってしまい、年末になんとかと思いつつレモンサワーやウイスキー、日本酒の熱燗などもたくさん飲んでいたら、年を越してしまいました。

そのころからようやく重い腰を上げて着手しましたこの単行本、なんとか最初の原稿を書き終えたのが、今年の5月の末です。原稿まとめるのに1年もかけんなよ、とお叱りの言葉も降ってきそうですが、それもこれも、飲み過ぎが唯一の原因、申し開きのしようもございません。

4年前。ミニコミ誌『酒とつまみ』の創刊にあたって、とにかくホッピーをやろう、やるんなら東京横断でいこう、じゃ、中央線全駅下車でやってみよう、ってな酔狂を思いつきました。

でも、それを、途中で止めることなく最後まで押し通せたのは、ただ単におもしろかったからなんですね。知らない店をあれこれ物色して回り、ここぞと決めて店へ入り、ホッピーを頼む。土地の人たちにとっては通い慣れた店でも、その土地に縁のない者にとっては、旅先で出会う1軒の店にほかなりません。しかも、有名店ではない。それがおもしろかった。

もとより、極端な出不精で、べらべらと喋るわりには人見知りもする私は、酒場のガイドブックを頼りに有名店を訪ね歩くことが好きではありません。知人の誰かが店を教えてくれたとしても、誘われない限りひとりで出かけることは、まず、ありません。本に書いてあったことや、知人が薦めた理由を確認しているような、店の品定めをしているような気分になるからです。

だからいつも、新しい飲み屋さんと出会うときは行き当たりばったり。いい店を見つける勘があるなんて話でもありません。いい店かそうでないかは、その店で、しばらく過ごさなくては分からない。嫌なら帰ればいいし、いいなと思ったら、また行けばいい。それくらいのことしか考えない。

基本的に、そんな姿勢で探し回った挙句に見つけたのが、このホッピーマラソンに掲載されているお店の数々です。もちろんそこには友人知人の紹介もありました。ありましたが、基本的には自分で訪ねてみて、いいなあと思ったお店ばかりです。

この本に登場するお店の中には取材後に移転・閉店したお店も何軒かありますが、その顚末を取材時のまま掲載したのは、そのお店がすでに営業を停止していたとしても、周辺でまた別の、居心地のいいお店がきっと見つかると思うからです。そうして見つけたお店は、見つけた人にとって財産とも言えるでしょう。

『酒とつまみ』編集部のスタッフはもとより、実に多くの心温かき友人、知人たちの伴走があってこそ、最後まで走ることができました。ホッピーと、うまいつまみと、温かい雰囲気で迎えてくれた、私にとっての名もなき名店の皆様、そして、その酒場で飲み、ときに声をかけてくださった飲兵衛のみなさんに、心から御礼申し上げます。

こうやって思い返してくると、いつかまた、どこかの路線で、ホッピーマラソンを再開したいなあ、なんて思い始めるから不思議です。

連載でマラソンを走っている間は、ああ、もう飲めない、もう飲みたくないよ、と何度も思っていたものなんですが、終わってみると、また別の路線の別のお店で「ホッピーちょうだい!」と叫んでみたくなる。そこで毎晩のように飲んでいる常連の人たちと、少しばかりの会話をしてみたくなります。

平成18年6月末日　大竹聡

第3部　文庫版スペシャル

京王線12駅
ゴールまで走り書き下ろし

京王線12駅

千歳烏山
芦花公園
八幡山
上北沢
桜上水
下高井戸
明大前
代田橋
笹塚
幡ヶ谷
初台
新宿

第9区　四年ぶりの完走！　千歳烏山～新宿編

ボーナストラックで新コースを走ります！

えー、ホッピーマラソンでございます。

しつこいですね、どうも。

中央線で行き、京王線で帰ってくる。それでこのお話にはめでたく終止符が打たれ、ホッピーばかり飲み続ける小さな旅からようやくのことで抜け出したのが、2005年のことでした。

終わった終わった。とにかく終わってよかった。最終回、作家の重松清さんをお招きした宴《うたげ》のあと、朦朧《もうろう》とする頭で考えたものですが、それから1年ほどたってこの企画は単行本となりました。

めでたい。実にどうもめでたい。『酒とつまみ』をご愛読いただいていた読者の方、扱っていただいていた書店さんにも温かく迎えられたことも、まことにめでたかったですね。

そして、このたび、なんと、文庫化のお話をいただいたわけです。いいのかなあ、文庫化。不安はないわけではないのですが、せっかく文庫にするなら、また何か加えようかという話になり、アタシもやめときゃいいのに、バカですか

ら、つい、

「それなら、京王線の残り、走りまひょ」

などと口走ったものでございます。

てなことで、文庫版ボーナストラック。単行本の最終回は仙川駅でしたので、次の駅から終点新宿まで、しっかり帰ろうじゃありませんか、ってのが、お話のすべてでございます。単純だよ、なにも変わらない。

千歳烏山《ちとせからすやま》でホッピーバースデイ！

で、最初の駅が**千歳烏山**駅。ときは2009年3月下旬のことです。

土曜日の午後、アタシは、開催していない東京競馬場で馬券を買っていました。いや、正確に言うと、馬券を買いながらビールを飲んでいた。あはは、のん気だねえ。

馬券を買うったって、いくらも買わない。1レースに、せいぜい500円か1000円。でも、1点に絞って、それも少しばかりオッズの高めのところを買うから、当たれば2万、3万にはなる。そのささやかな希望を胸に馬券を買い、ビールを飲み、他の競馬場で開催されているレースをモニターで観戦するわけです。

当たるわけないいんだよ。でもね。たとえば5レース買って、1レースでも来れば浮いて帰ることができるわけですから、それはそれでけっこう楽しい。そんなふうにしてこの日も遊んでいたわけですが、午後から来て、ああ、今年は桜も早いのかねえ、などと思いながらぼんやりしていると、あっという間の最終レース、それもあえなく外《はず》れてちょっと淋しい夕暮れを迎えたときでした。

「来てますか？　こちらはもう、散々な40歳です」

メールが来た。『酒とつまみ』の編集発行人Wクンでした（おお、時は流れ、編集Wクンは編集発行人となりアタシは晴れて名ばかり編集長になっていたのです！）。

来てます来てます、馬券は来ません。ってなメールを返して合流。ふたりして降り立ったのが千歳烏山駅です。

子供の頃から長く仙川を最寄り駅としていたアタシにとっちゃ、この駅も馴染みが深い。

住んでいた団地の近くからバスに乗り、烏山のスイミングクラブに通ったのは小学校1年生のときのことです。毎週1回、1時間ばかりの習い事ですが、これが嫌いで嫌いで。

自分から言い出して入会したものの、チビ助だったものですからプールでは背が立たないところもある。大学生なのかな、コーチの兄さん姉さんたちの肉体美も、ただただ恐い。

クラブまでバスに乗っていくのですが、バス停でバスが来るのを待つ間にも気が遠くなり腹は痛くなり、チビリそうになってしまう。

それでも泣きながら1年続けて、まあまあ泳げるようにはなりました。溺れかけて泳ぎを覚える。人生、万事、こういうことなんでしょうけれども、あれからほぼ40年が過ぎて、今は酒に溺れかける毎日だ。成長がないね。

まあ、そんなことはともかく。北口からしばらく歩いて姿のいい店を見つけました。**「なかや」**さんというやきとりの店。幟があったかステッカーがあったか、とにかくホッピーがあることはすぐにわかったのでさっそく入店します。

夕方というのにカウンターはほぼ満席。われらは小さなテーブルについてホッピーを頼む。つまみは、ナンコツ、ニンニク、Pトロ、とんはらみ。どれもうまいです。競馬場のビールで下地があるところへ、冷たいホッピーがするすると入っていく。いい気分だ。

「40になったかい」

「40ですよ」

「じゃ、乾杯しよう」

「そうですね」

ふたり一緒に、

「ホッピーバースデー！」

やってしまうんですね。思えばアタシが40になったその日には中央線国分寺駅北口の店でホッピーマラソンを敢行、「ホッピーバースデー！」と叫んで泥酔、翌朝ゲーゲーやってるうちに喉が切れてちょぼっと血を吐いた。

「40になったからには血を吐いてもらわなければなるまいね」

「いやですよ、吐きません」

「しかし、Wクンが40か。昔は見込みのある青年だったが」

「今は煮込みの合う中年です」

「うまい」

お互い40代になったらもう少し渋くても良さそうなもんなんですが、まあ、まあ、そうじゃないんだから仕方がない。

店は、ほどなくして満席となり、にぎやかな声が飛び交うなか、40代ふたりはひたすらホッピーを飲む。付き合いが長いですから、これといった話もないが、競馬の話などしながら飲めば時間が経つのが早い早い。

中身お代わりを3回、4回と繰り返すうち、そう、いつもの通りの早すぎる酔いがやってくる。

思えばホッピーマラソンを走っていた間はいつもこの繰り返し。ホッピーという飲み物は、焼酎をビール様飲料であるホッピーで割って飲むわけですから、ゆっくり飲めば、ゆっくり酔えます。けれども、なぜか急いで飲んでしまう。そして、この店でもやはり、お代わりの中身は最初の1杯よりもなぜか分量が多いようで（気のせいか）、それが酔いを加速させていきます。

コリコリとしたナンコツを嚙みながらホッピーをぐびり。ホクホクのニンニクの香りが口内に広がるのを楽しみながらホッピーをぐびり。

けっこう冷えた日でしたが、こんなふうに飲むうち、ホカホカと温まってくる。煮込みの合うWクンの40回目のバースデーは、実にほのぼのと過ぎていくのでした。

ちなみにこのお店。実は以前にも来たことがあるのですが、そのときは夜遅かったにもかかわらず、やはり混み合っていた。人気店なんですね。つまみ各種に自信あり、と見ました。店員さんたちの応対もキビキビしていて実に気分がいい。お勧めの1軒です。「なかや」さん、楽しい一夜をありがとうございました。

千歳烏山：なかや
世田谷区南烏山6～6～24　サンマルシェビル103　03・5313・2964
17：00～23：30（L.O.）　不定休

芦花公園のお母さんふたりも元気だ

烏山の次の駅は芦花公園です。ここへは後日、ひとりで参りました。北口から渋い渋い商店街を抜けつつ店を探し、旧甲州街道を烏山方面に戻ってくると、自家製麺のラーメン屋さんのあるあたりに、こぢんまりとしたアーケードがあって、そこへ入ると見つけましたのがホッピーの幟。店の名前は「**もっちゃん**」、やきとりの店のようです。

小さな店ですが、すでに先客があります。品書きを見ると、やきとり各種120円、タラ入りの湯豆腐が500円、あげ焼き200円などとあります。安い。

さっそくホッピー。白、黒どちらと聞かれて白と答える。つまみには、タンとツクネを塩でもらいます。

さっぱりとしたタン塩と、1杯目のホッピーがよく合います。

「じゃ、もっちゃん、私、行きますね」

先客のおひとりが帰る。

「もっちゃん、お酒、お代わり」

こちらは、おふたり連れのお母さん。

みなさん、ご主人のことを「もっちゃん」と呼ぶ。

そこへ訪れたのは、やはり常連さんと思われるお父さんだ。新参者の私は、串を手に取り、ホッピーを飲みながら、それとなく、会話を聞いている。

お父さんは、野球に詳しい。今年のＷＢＣの話、プロ野球のシーズンの話、いろいろ語って聞かせてくれる。野球はアタシも好きですから、そういう話を耳に挟みながらの酒は非常に楽しいものです。

テレビでは、巨人対広島の開幕戦も始まりました。このところ数年間、プロ野球の中継を見ることのできない生活をしている関係で、今の巨人の選手の顔ぶれも新鮮で、しかも、若い選手がとてもいい。ＷＢＣでも西武の中島、片岡の両選手がすばらしかった記憶があり、ふたたび野球熱が戻ってきそうな勢いです。

お母さんふたりも元気だ。この日は明るいうちから飲んでいたとかで、威勢もいい。おひとりはお酒に強く、言葉つきは荒いが、実におもしろい。

「もっちゃん、寒いよ。あたしはもう冷奴なんだから」

腰から足元へかけて冷えるのを、冷奴なんだからと言う。それが、おかしい。

ご主人は、それを聞いて、アタシの席のそばに置いてあった石油ストーブを、お母さんの椅子の後ろへと運んであげます。なんか、とても温かいんですね。そういう雰囲気が。

さて、もうひとりのお母さんも素敵な方で、お酒もお得意のようですが、伺っていると競馬に詳しいんですね。

女性で競馬に詳しい人にはあまりお目にかからないんですが、このお母さんは年季が入っている。3連単マルチの買い方など、ご主人にお教えしています。そのお話しぶりがすかっと晴れやかで気分がいい。500円馬券をチマチマ買っているアタシなんぞは口を挟む余地もない感じですね。

「もう今日は、エンヤコラで飲んでるんだからね！　＊＊さん、あんた、1杯飲みなさい！」

先のお母さんです。野球に詳しいお父さんに1杯おごると大声で言っている。それにしても、エンヤコラってのはいいですね。とても思いのこもった表現で、その気分がよく伝わってきませんか。とてもにぎやか。そして楽しい酒だ。

トイレへ行くお母さん、アタシの横を通り過ぎるとき、言いましたね。

「こんなオババもいるんだよ」

その目が、やさしく笑っています。アタシなどは、まだまだ子供だ。通りすがりがお邪魔をさせていただき、ありがとうございます。そんな気持ちになってくる。

ピッチャー交代のタイミングが少し遅れたか、野球は、巨人が広島に逆転され苦境に立たされたまま進行していきます。

最初は、ホッピー１本で、中身の焼酎２杯というごく軽い飲み方をしていたアタシも、久しぶりの野球観戦と、競馬話、飲み話を小耳に挟む楽しさから、少しずつピッチがあがってきます。

中身３杯目のときセットを新たに注文。シロをタレで焼いてもらう。タレ焼きには七味だ。皿の角にたっぷりと七味唐辛子を盛って、そこにシロをつけながら、ゆっくりと口へ運ぶ。うまいねえ。

隣の席のお父さんと一緒に久しぶりに巨人を応援するのですが、残念ながら試合は硬直状態のまま終盤を迎え、最後は実にあっけなく、早い時刻に終了してしまいました。

「巨人はいつも開幕戦には勝てねえんだ」

まあしょうがないという口ぶりのお父さん、実にていねいに、この新参者のアタシをもてなしてくれる。やさしい常連さんたちのいる店は、その懐《ふところ》に飛び込みさえすれば、居心地は比類ないってものです。

お仲間で誘い合わせて、釣りに出かけることもあるといいます。日がな日、仕事も忘れ、日々のさまざまな屈託からも解放されて釣りに興じる。いいなあ。そういうことをちゃんとできると、この生活も、楽しくなるのだろうなあ。趣味といったら小額の馬券とひとり酒しかないアタシは、しみじみと、大人の遊びの仲間に入りたいと思うのでした。

芦花公園の「もっちゃん」は、近いうちに必ずもう一度来たいと思わせるお店でした。アテもなく歩いて、こういう温かい酒場に遭遇する。この幸運が、ホッピーマラソンのいちばんの楽しみです。

芦花公園：もっちゃん
世田谷区南烏山3〜23〜24　電話非公開
17：00〜23：00　水曜休

八幡山《はちまんやま》では乾杯の音頭を取られて

京王線で帰ってくるホッピーマラソンのさらなるボーナストラックは、引き続きまして八幡山駅に下車します。

あんのかなあ。八幡山にホッピーを置いている飲み屋さんが……。南口にラーメン屋さんと、あと何軒かの店があった気がするけれど、それ以外にあまり思い当たらない。線路と交っている道を南へ行けば大宅壮一文庫だもんねえ。ホッピーじゃない。なんてことを思いながら京王線快速電車で八幡山に下車します。何年前からかな、八幡山に快速が停車するようになったんだねえ。そうなると、芦花公園の立場はどうなるんだろう。まあそれはそれとしてですね。改札を出た。そしてふと左を見た。あった、あった。ビルの2階。店名は「凧凧」。タコタコ？　へんな名前だねえなんか思いますが、構えはなかなか大きそうで、階段を上がってホッピーがあることも即座に判明。こりゃラッキーだ。

入店したのは午後5時半すぎかな。それでもすでに先客がいらっしゃる。店はタコタコじゃなくて、ハタハタというんだそうですよ。

アタシは、店の人のお導きで、カウンターの隅に座り、ホッピーを頼みます。ホッピーはすぐにやってくる。

焼酎入れて氷をガバッと入れて、後はホッピーのボトルの栓を抜くだけだ。生ビールを注ぐより早いんだよ。で、さっそく外をドボドボと注いでいると、店の若い兄さんが近寄ってくる。

「乾杯の音頭取らせて頂いています」

「はあ？」

乾杯するからジョッキを手に持て、ということらしい。ちょっと驚きますな。

「それでは、今日も1日お疲れさまでした！　カンパーイ！」

「あ、あああ、カンパーイ！」

店の、他のスタッフもいっせいにカンパーイなんか言うもんだから、ちょっと照れますわね。

でもね。これ、けっこうおかしいですよ。店長さんに聞いたところでは、この乾杯、仕事帰りのサラリーマンの方々にたいへんウケるんだそうです。が、この日のアタシの場合はちょっとわけがちがうね。なんつったって、アタシは前日の深酒がたたって昼まで起きられなかったんだ。そして、なんとか目覚めた後も、ただダラダラと水や茶を飲んではゴロゴロしていただけなんですね。

つまり、働いてない。だから、今日も1日お疲れさまってなことには当てはまらない。どうせやるなら、

「なあお前、ちょっとは真面目に働かないとダメなんだかんね、カンパーイ!」

くらいな感じでちょうどよかった。

でも、威勢よくカンパーイなんて言ってもらうと1日遊んでいたアタシのようなものでも嬉しいやね。ホッピーをきゅーっと飲む。

まだ昨日の酒のダメージが残っているのか、食べるほうの意欲はわかないんですが、韓国海苔なんか食べながらホッピーを飲んでいるうち調子も出てきた。

6時になるころまでに、2人、3人、また2人、次は4人、という具合にお客さんは次々にやってくる。そして6時半には満員になりましたよ。ねえ、すごいや。新規のお客さんが来るたびに、

「それでは乾杯の音頭を取らせていただきます」

って、例のヤツをやるんです。

中にはお子様連れのお客さんもあるんですが、それでもやる。まあね。昨今ではお子さんもいろいろお疲れかもしれませんからね。それはそれでいいんだろう。

アタシは、そのにぎやかな店内で、店の中に吊るされたホッピーの提灯をぼんやりと眺めたり、競馬新聞をしばし熟読したりしながら、ホッピーを飲む。もうすぐ桜花賞だねえ。なんか思いながらホッピーを飲むんです。

つまみには、浪花の串揚げの中から、アスパラ、ウインナー、エビを頼みます。各150円。二度付け禁止のソース缶も出されるのですが、東京で串揚げを食べるときは、アタシはもっぱら塩だ。

取り皿の端にたっぷり塩を盛って、そこに串揚げを付けつつ食べる。七味唐辛子にしろ、塩にしろ、おいおい付けすぎだよ、くらいに付ける。うまいんだから、そうするんだ。

でかいアスパラは串刺しじゃなくて、アルミホイルを巻きつけてあって、手づかみで食べる。うまいよ。ウインナーの串揚げなんてのも、どうにも恥ずかしいけれど、子供のころから相も変わらずに好きな品で、これも、ホッピーによく合う。

たちまちにして3本食べ終わり、いよいよ調子も回復してきたところで、豚ロースとウズラの卵を頼む。これも串揚げ。

最後に残した豚肉のひとかけらで、ジョッキに残ったホッピーをぐいと飲み干します。中も外も、つまみの皿も、全部からっぽ。

さて、帰ろうか。勘定を頼んだら、2000円でお釣りが来ました。うまくて、安くて、店に元気があって、ひとり酒もゆっくり楽しめる。3拍子も4拍子も揃った店で機嫌よく飲んだアタシは、さて、調子も出てきたことだし、もうひと駅いってみるかと、再び京王線上り電車の乗客となったのです。

八幡山：鳳鳳《はたはた》
杉並区上高井戸1〜1〜11　京王リトナード2階　03・5316・3167
17：00〜翌4：00　無休

上北沢、シャル・ウィ・ダンスな吸引力

八幡山を出た京王線各駅停車は、すぐにお隣駅の上北沢駅に到着します。電車がホームに入っていくとき、私は、どちら口へ降りるべきか考えながら、キョロキョロと線路の両サイドを窺いました。

長く京王線を利用してきましたが、上北沢にはほとんど降りた記憶がない。土地鑑

というものが、まるでない。だからちょっと不安なのですが、そんなアタシの目に「立ち呑み」の文字が飛び込んできた。線路沿いの建物の2階。まずはあそこへ行ってみよう。

で、お店の近くまで参りますと、ありましたねえ。ホッピーの提灯だ。これは実に幸運。だけれども、2階の店内からはときおり、大声も聞こえてくる。

立ち呑み、ホッピー、大盛り上がり、となると、ちょっと馴染めないかもしれない。そういう不安もあるわけですが、2階への階段の手前に置いてある品書き看板を見て、入店を決意しました。おつまみが200円均一なんですね。これはいいや。

にやけ顔でふと振り返ると、すぐそばの交番の前に立つ巡査がこちらをじっと見ている。あ、お疲れさまです。ええ、ええ、これから飲みにいくところでして。すみませんねえ、へへへへへ。

そんな思いを込めて、軽く頭を下げておきました。

お店の名は**「いさご」**。入店してみると予想通りのにぎわいぶりです。さっそくホッピーマラソンの単行本を出してご主人に挨拶をし、ホッピーを手にカウンターに場所をいただく。

しばらく飲んでいると、男性のお客さんが近寄ってきた。

「お近づきの印に」

と言って、差し出したのが、おでんの皿。ダイコン、牛スジ、タマゴの3品が盛られている。そうか、そうか。このお客さん、新参者のアタシに、この店の素晴らしさを教えてくださるというわけか。

「これ、すごいでしょ。3品で200円だからね。僕も最初は、1品200円で、全部で600円と思ったくらいですよ」

味の染みたダイコンがうまい。牛スジもタマゴもうまい。これで200円は破格だ。ダイコンが口の中で溶けるのを楽しみながら、ホッピーをぐびりと流し込む。

新橋だのなんだのって言うけれど、立ち呑みを語るなら上北沢を抜きにしちゃなんねえぜ……。常連さんの、この店に対するそんな思いが、このおでんひと皿からも伝わってくるようです。

いい店を見つけたなと思いながら、アタシは店の一番奥の窓辺に立ちます。そこから駅のホームが見える。ほんのしばらく前に、アタシを乗せた電車が入ってきたホームです。

「シャル・ウィ・ダンス、でしょ?」

いつのまにか窓辺に来ていたご主人が言います。なるほど。ダンススクールの窓辺に立つ草刈民代をホームで電車を待つ役所広司が見上げ、一目ぼれする有名なシーンがある。上北沢駅のホームとこの店との位置関係は、ちょうどあんな感じなんです。

まっすぐ帰ろうか。でも1軒くらいどこかに寄りたい気がするな。そんな気持ちの旦那さんが、上北沢駅のホームから、あるいは停車した電車の中からこの店の灯りを見つけたならば、その灯りはまさに、草刈民代さんに匹敵する吸引力で飲兵衛の心をひきつけることでしょう。

さて、店内に目を戻しますと、テレビでは野球中継がそろそろ終わりかけようとしている。このお店、本当にすごいなと思いましたのは、先のおでんをご馳走してくださった男性の後にも、常連さんが次々に声をかけてくれることなんです。

桜のきれいな季節のことで、みなさん早くからかなり入っているご様子なのですが、強い強い。乱れるという感じの人はひとりもいらっしゃらない。

私に声をかけてくださった4人目の常連さんは、非常に闊達、明るい人で、みなさんの人気者という感じの旦那さんですよ。

その方もやはり、この店の素晴らしさを伝えたくて仕方がないご様子です。アタシはもちろんホッピーを飲んでいるわけなのですが、その方は1本のワインとピザまで注文してくれたのです。

クセのないおいしい赤ワイン。

「これ、800円だよ。原価じゃないの？　ねえ、それでピザね。これ200円。あわせて1000円だよ」

ピザも、おいしいんです。おつまみの各種はお店の奥様が担当されているのですが、これだけにぎわう店のことですから、片時も手を休める暇がない、という状況に、しばしばなるようです。けれど、炒め物でも焼きそばでも、なんでもおいしそうだし、そのいずれもが200円というから、しつこいようだけれども、何度も何度も驚くわけなんですね。

ところで、前の店で中身を5杯、こちらへ来てからもやはり5杯くらい飲み、そのうえワインも半分いただきましたので、アタシのほうもそこそこに酔ってきました。気がつけば閉店も近くなっている。どうしてこう、酔うと時間が早いのか。おでんをふるまってくださったお客さんも帰られました。さてオレもそろそろかなあと腰を浮かせかけたときです。

「オータケさん、八幡山、行こう!」

ワインの旦那さんです。へ? アタシゃその八幡山から来たんですがねえ。でもね。こういうときは、行くもんなんですね。断らないのが酒飲みだ。

で、八幡山。実は、アタシを連れて行きたかった店には入れず、中華屋さんで餃子を食べることになったのですが、そこでももちろんビールを飲む。ああ、よく飲むなあ、今夜はけっこう飲むなあ。でも、楽しいなあ。

もうあんまり難しいことは考えてないんですね。初めての店にとても満足し、初めて会った人と、こうしてハシゴ酒までして、その成り行きのすべてが、実に快いんですね。

いい夜になった。結局八幡山のお開きは京王線下り高幡不動行きの終電間近となりました。改札の前で、お礼を言い、別れます。

「オータケさん！」

歩き始めたアタシにかけられた声に振り向くと、ワインもピザも餃子もビールも、全部奢ってくださった常連さん、にっこり笑って右手を高く突き上げました。アタシも右手を突き上げます。またご一緒させてください。そのときは、僕におごらせてくださいね……。そんな言葉を胸に、アタシは急ぐ。終電が、そろそろ駅に入ってくるころです。

上北沢：立ち呑み処　いさご
世田谷区上北沢3〜34〜21　03・3306・6114
17：30〜23：00　日祝休

桜上水でうまいのどがしらとレバー

さあさあ、文庫版ボーナストラックも5駅目に突入です。次の駅は**桜上水**だ。八幡山、上北沢でモーレツに飲んだ後のこと、調布、府中といった旧郡部ののどかさと違って、やっぱりというかなんというか、けっこう濃い感じが続き、40代半ばとなった身にちょっとヘビーなのですが、それもまた、この酔狂旅の楽しさです。

改札を出て、なんとなく南口に降り、なんとなく踏み切りのほうへやっていきますと、ああ、ありましたよ、踏み切りを渡ったところに、あの、ホッピーの赤い提灯が。

幸先がいいや。さっそく店に入っていくと立ち呑みです。カウンターのほかに、ウイスキーの樽を使ったスタンディングのテーブルが3つ。店名を**「桜上水酒場弥太兵衛」**といいます。

えー、お初にお目にかかります。手前、ユエあってホッピーの飲める店を訪ね歩き、ただ飲んで、ただダラダラとその顚末《てんまつ》を書いておるものでございます。てな自己紹介をしつつ、酒とつまみ社で発行した単行本を手渡します。

？？？？？？

ねえ、だいたいそうなんだ。そういう反応が出る。なんで、やってんの？　という至極マトモな反応なわけなんですが、まあ、それにはテキトーに答えつつ、ひとまずはこちらのお店に寄らせていただきましたことなどもダラダラと書かせていただきやすと仁義を切る。かっこいいねえ。よかないか。

ご主人に聞けば、このお店、今年の2月後半にオープンしたばかり、まだ名刺も出来上がっていないというではないですか。なんという幸運でしょう。できたばかりのホッピーが飲める酒場に、普段は縁の薄い駅にて出会えたわけですからね。

カウンターのネタケースには、串ものがずらりと並んでる。豚ですね。ちょっと大きめに切ってあって、いかにもうまそうなタンが目にとまり、それを注文、もちろんあわせてホッピーも頼む。

この日1杯目のホッピーを、まだ明るい店の外など眺めながらキューッとやる。格別だねえ。そろそろ夕刻のラッシュが始まる頃合。行き来する電車の本数も増えてきて、踏み切りの開閉も頻繁になる。午前3時まで営業するという店の、どうやらアタシはこの日最初の客らしい。それも、気分がいいや。

「のどがしら、っていうのは？」

「豚の喉の、ナンコツの下あたりですね。コリコリっとしていてうまいですよ」

「そう、じゃ、それも2本。今度はタレでいこうかな」

「タレにしますか」

「あ、塩がいい？」

「塩でやってみてください」

いい感じでしょう？ 店の支払いシステムはキャッシュ・オン・デリバリーというやつ。注文した品物が出てきたら、そこで金を払う。灰皿をちょうだいと言ったら、足元へどうぞ、ときた。これもまた、ざっくばらんでいいや。

ほどなくして、のどがしらの皿が出てくる。皿の端っこに盛られた芥子にちょこっと付けながら、それを口へ運ぶ。うまいねえ。

たちまちにして、最初の1杯はなくなり、中身のお代わり。200円を払う。

ひと息つきながら店内を見渡すと、吉の川、澤乃井、初孫などなど、たくさんのカップ酒も用意しているし、ワインもあれば、ホイスもある。ペンネゴルゴンゾーラとか炙りベーコンの温玉のせ、なんていうメニューもあって気を引かれるのですが、そこへ先のご主人が、

「レバーはお好きですか」

と声をかけてくれる。これ、単なるレバーじゃなくて、レバーを豚のあみあぶらで包んでから焼いたものなんですね。

「これをぜひ、食べてみて下さい」

という誘いにのって試してみると、これがまたなんともまろやかで、レバーのうまみが、あみあぶらのトロミによってさらに増していく感じ。それでいて、しつこすぎるわけでもなく、冷たいホッピーには実によく合う。

いやー、これはうまいねえ、なんか言ってまたもや中身をお代わりして200円払って、ホッピーの外の残りをドボドボと全部注いでしまうわけなんですが、そこへ、アルバイトの女性がやってきた。

お若いんだなあ。聞いてまたびっくりしたけれど、この春に高校を出たばかりだって。北国から上京して、ここで働いているというんです。

「東京にはヘンなオジサンがいっぱいいるから、よく気をつけるんだよ」

なんか言いながら、雪国の冬の寒さ、東京の梅雨の暑さなど、まあ、穏当な話題でしばらく会話をいたすわけですが、

「ホッピーがお好きなんですか」

と、いきなり聞かれてたじろいだね。

お好きって、ねえ。ホッピーマラソンをしているのは、まあ、洒落みたいなもんでして、ホッピーしか飲まないくらいホッピーに入れ込んでいるから走っているわけでもない。けれども、こうしてホッピーの飲める店ばかり歩いてくると、ホッピーを置く店に共通の居心地というか、一種独特のざっくばらんな雰囲気というものはたしか

にあって、それが好きといえば好きなんだねえ、などと、わかったようなわからないようなことをモゾモゾと言う。

でもねえ。飲み屋へ行って、そこにホッピーがあれば、まず頼みますからね。好きなんでしょうね。自然に頼み、自然に、中身ーッなんて言っているわけですから。

そうこうするうちに、日も暮れかけてくる。3杯目のホッピーも底を突く。さて、もう1セットいくか。いけば最低でも中身3杯という運びになる。ちょっとばかりダラダラするかもしれない……。

「ご馳走様、沿線に住んでますから、また寄らせていただきます」

てなことを言って店を出ます。初めての店で、お若い人と会話をしながら飲むのはひどく楽しいものですが、ここはやはり、きれいにいかないと。なに、格好をつけることもないんですが、つけちまうんだな、バカだから。

桜上水：桜上水酒場弥太兵衛
世田谷区桜上水4〜15〜16　03・3329・8294
17：00〜翌3：00　日曜休

下高井戸のポテサラ

こうして桜上水を後にして、向かいますのは次の駅、**下高井戸**です。

常なることで、線路のどっち側に出るかを決めるのに、何の理由もない。このときはなんとなく世田谷線とは反対側に降り、商店街をちょっと歩いて路地に入り、ある店の中を覗くと、品書きにホッピーと書いてあった。

やきとりがうまそうだな。それが最初の印象でしたが、入店して店内の品書きを見ると、魚も充実しているようです。

ホッピーと皮ポン酢を、まずは注文。やきとりがうまそうで、品書きを見れば旬の魚の刺身も品が揃っているというのに、なんで鳥皮ポン酢か。このあたり、自分でもよくわからないんですけれども、気がつくと、いわゆるサイドメニュー的なものを頼んでいることが多いんですね。このときも、鳥皮と一緒に頼んだのは、ポテトサラダでした。

ポテサラを食えば、その店の実力がわかる。なんてことをアタシは言いませんが、単に好きなものを定点観測的にどんな店でも頼んでいると、その店のていねいさとか気風のよさとか、ちょっとした姿勢の違いみたいなものに気がつくってことはありますね。まあ、アタシの場合飲めば食わないので、そのサイドメニューだけで飲んで帰っちゃうなんてことも実にしばしばなんですが。

で、茹でた鳥の皮の細切りをポン酢でいただくわけですが、たっぷり盛られた小鉢には、刻んだ青ネギもたっぷり。中央にモミジオロシが落としてある。これが、うまいんだねえ。さっぱりとして、実にうまい。ポテトサラダも手作りの味って感じで、しかも盛りがいいよ。価格も安い。

これはラッキーだねえ、と思う。ていねいで、盛りがよくて、安い。そんならばもう一品と頼んだのがサンマの塩焼き。これも、しっかりしたのが一匹出てきて280円だ。

ホッピーをぐびぐびと飲みながら、鳥皮のポン酢を食い、ポテサラを食い、サンマの苦《にが》いところに思わずにやけて、またホッピーを飲む。つまみをこの3品にして、ホッピーのセット2回、中身の追加を計4回として、勘定は3000円にはとうてい届かない。ありがたいよなあ。

サンマをまたひとつまみ口に運びながら、アタシは持参したスポーツ新聞の競馬欄なんか見ている。その間も、耳には、常連さんと思われる人々のさまざまな声が飛びこんでくる。

カウンターもテーブル席もほぼ埋まっていて、どうやら2階も混雑している様子です。

店の大将は、休む間もなく手を動かして酒肴をつくり、その合間に、カウンターのお客さんの会話にも加わる。今夜はゴルフの話が中心のようですが、とても楽しそうです。

少し早めの閉店時刻が迫り、２階のお客さんが次々に下りてきて勘定を支払う。中には１階が満席のために２階で飲んでいた人もいるようで、下りて来るなり１階のテーブルに座ってしばしご歓談なさる方もいる。お客さん同士顔見知りが多いようで、みなさんお近くにお住まいなのでしょう、リラックスして過ごす姿は、これぞ酒場と思わせます。

いよいよ閉店。アタシも席を立ち、勘定をします。そのときになって、実はホッピーマラソンで、という例の話をさせていただくわけですが、店に来てくれたことを書くのは構わないが、店名や場所などは公表しないでほしいとのことです。

理由は簡単。いつも常連さんでいっぱいだから、店の情報が外へ出て、そのために常連さんの席がなくなるようなことがあっては申し訳ないということなのです。

ということなので、この店のことは、詳しい情報を掲載することはできないのですが、といって、大将が気難しい人ということではないんですよ。むしろ、その逆で、とても好意的にお話を聞いてくださる方でした。

多趣味だそうですが、釣りもお好きとのこと。春から夏はムギイカがいいね。秋から冬も魚種が多くていい。釣りは日曜に行くから、月曜には、日によって、いいのがあるよ。

そんな話を聞かせてくれます。

早い時間からにぎわう店のことです。誘い合わせて伺うのは難しいかもしれませんが、まあ、ひとりでふらりと出かけるならなんとかなるか。

帰り道、また1軒、いい飲み屋さんに出会えた幸運を思い、ひとりにやつくホッピーランナーなのでありました。

明大前の「吹雪の中で見つけた山小屋」

また日を改めまして出かけましたのが明大前です。

この晩、改札で待ち合わせをしたのは、この文庫本の担当編集者のIさん。ふたりして、ホッピーの飲めるお店を探します。

Iさんは明治大学のご出身ですから、この界隈には思い出もたくさんある様子で、ああ、あそこの沖縄料理、ああ、ここのジャズ喫茶と、昔行かれたお店にたびたび遭遇するのですが、肝心のホッピーを飲める店が見当たらない。

駅周辺をぐるぐると回って見つからず、飲食店の多い学生街が、意外に難関であるんですな、などと言いながら半ば諦めかけたとき、見つけましたお店には、たしかにホッピーはあるようだ。

ここにしましょう。ちょっと店の雰囲気が若いけれども、それは学生街のことと割り切って店へ入る。しかし願いは叶わない。たったいま、30名の予約が入ったとかで、入店できないのです。

これはいかん。ひょっとすると明大前は店見つからず通過ということになりかねない。遥かに西の、平山城址公園駅で店が見つからなかった以来の淋しい結末になりかねない。

アタシはけっこう焦りましたね。そこで、一計を案じた。思い切って京王線から離れてみようと。

かつて中央線沿線を走っていたときにも、三鷹、武蔵境あたりでは、駅から20分も30分も歩いて店を見つけたことがあります。かくなるうえは、やってみるしかない。目指したのは小田急線方面です。あちらへ向かえばたしか豪徳寺あたりに出る。近くには東急世田谷線も走っている。あのあたりまで行けば、というあてずっぽうです。

明大前を少し離れるとすぐに閑静な住宅街に入り、まあ、こっちのほうでいいだろうと歩くわけですけれども、あたりはどんどん暗くなる。あれれれ、大丈夫かな、本当に。本人もそう思いながら歩いているのですから、同行のIさんはもっと不安の様子ですよ。

「こっちへ行ってみましょう」

と言ってより暗いほうへとアタシが足を向けたとき、

「あ、そっちはもっと暗いよ」

Ｉさんが呟きましたね。そらそうなんだ。どう見ても、店があるような感じじゃない。でも、行ってみる。それしかないから、行ってみるのです。

あるところで道を左に折れる。これもあてずっぽうだ。とはいえアタクシ、こう見えて若い頃は営業マンをしておりまして、あちこちと見知らぬ土地も歩いたもんでございます。都内の地下鉄をほぼ全部頭に入れたのも、ちょっとした郊外で、私鉄からまた別の私鉄へ、実は歩いたほうが近かったりするのも、このころに学んだ。だから、あてずっぽうとはいえ、そこはなんとなく、きっとこっちだという鼻はきく。

で、歩いていくわけですが、長い坂道を下ったあたりで、灯りが見えてきました。

「灯りがあるとほっとしますね」

Ｉさん、ここは東京、世田谷区ですよ。山の中じゃないのに、そんな感想が出る。よほど心細かったのでしょう。

そうこうしているうち、微かに見えた灯りも少しずつ増えてくる。そして、ようやく、おお、ここはたぶん、どっかの駅の近くだねえという街角へさしかかり、何気なく、さっと振り向いた左側だ。

１軒の飲み屋さんがある。店の名は**「居酒屋とんとん」**。入り口の横にある品書きに素早く目を走らせれば、あーった、あーった、ホッピーって書いてあります！

それほど興奮することじゃないんですがね。歩いて歩いて、やっと見つけるとホッピーの価値も倍増するってのが、このマラソンのひとつの醍醐味。最初のビールも割愛して、1杯目からホッピーを頼むのです。

カウンターには常連さんと思しきお客さんの姿がありますから、アタシらふたりは小上がりに席を取る。モツの煮込み、バラナンコツ、とりの手羽先にシシトウとネギを注文。

「冒険だったねえ」

Iさん、喜んでいる。こうして探し当てた店というのは、ネット検索して地図をプリントアウトして出向いた店とは、やはり、どっか違う。ありがたみが違う。吹雪の中で見つけた山小屋という風情がある（ないか）。

実はここは、以前に、東急世田谷線ホッピーマラソンなる企画を某雑誌で行なったとき、世田谷線沿線からぶらぶらと歩いて探し当てた店だったのです。

「ああ、お見えになりましたねえ」

女将《おかみ》さんも覚えていてくださいました。そして旦那さんに紹介してくれます。

店は今年で開店から7年。ホッピーは、開店と同時に置き始めたといいます。その理由を伺いますと、

「インパクトですね」

とおっしゃる。インパクトだ。ホッピーのインパクトです。アタシにはなんとなく、その感覚がわかるような気がします。ホッピー置いてます。そういう姿勢というんでしょうか。みなさん気楽に、にぎやかに、リラックスしてくださいよ、っていう配慮と申しましょうか。気取らず、威張らず、顔見知りが集《つど》ってしばしの会話を楽しみ、少しばかり酔う。そういうインパクトが、ホッピーにはある、なんてことを考えたりします。

ときに、Iさんとアタシは同世代で、実は、Iさんは、アタシが最初にお世話になった会社の先輩にあたります。ある日、酒とつまみ社から無謀にも自腹出版した『中央線でいく東京横断ホッピーマラソン』を読まれたIさんが、アタシの仕事場へ電話をくださった。

「筑摩書房のIですが」

「あ！　Iさん？」

アタシは、Iさんが筑摩書房へ移られていたことを伺っていたのですぐにそう答えました。

「ああ、やっぱりオータケくんなんだ。著者プロフィールを見てそうかなと思ったけど、本に出ている写真を見たらずいぶん貫禄がついているし、どうかなって」

単行本の最終章には、作家の重松清さんが参加してくださり、その際、飲み屋でジャンケンしている写真を掲載していたのです。そのときのアタシの顔を見ればたしかに、顎の線はなくなり、カエルのような輪郭になっている。

「昔は紅顔の美少年だったのに」

たしかにね。今に比べりゃかわいかったでしょう。無茶苦茶生意気でもありました。思い出すと恥ずかしいことばかりですが、あのとき、最初の会社の先輩たちは、アタシといくらも年が違わないのに、みんなやさしかった。

途中、トイレで放尿しながら、そんなことを思い出し、ちょっと涙ぐみそうになる。もう酔っちまったか。

暗い夜道を歩いてようやく見つけた店の空気はどこまでも温かく、ホッピーがうまい。中身をお代わりして外を2本。さらに、あまりお酒の得意ではないIさんのジョッキに残ったホッピーも分けてもらって、スイスイと飲んでいく。また、必ず来よう。今度は迷わず、まっすぐに来られるはずだ。

そんな思いで胸の中をさらに温かくして、店を出ます。とんとんのご主人、女将さん、ご歓待、ありがとうございました。

明大前：居酒屋とんとん
世田谷区豪徳寺1〜36〜3　1階　03・5450・1141

17：30〜翌1：30　日曜休

代田橋でエビの串かつ

世田谷区を行くホッピーマラソンもいよいよ佳境、続きましては代田橋駅に降り立ちます。わっかんないねえ。京王線には馴染みの深い育ちをしてまいりましたが、この駅で降りてぶらぶら歩いたのは、ひょっとしたら初めてのことかもしれない。

ひとまず甲州街道方面へ出てみると、細い道が入り組んでいて、なんともいい雰囲気なんですね。そこをくねくねと歩き、いったんは、甲州街道まで出てみるんですが、なんかこう、小さな店が立て込んでいる界隈がとても気になって引き返します。いい店がある。普通なら1軒という幅のところに2軒ある。ああ、いいねえ。ここにホッピーはないのかな。

けれども、ステッカーも、幟も、空き瓶のケースもない。外から内部をちらちら覗くとカウンター1本だけの店だ。**「串かつ　ここから」**って店なんですがね。うーん、ホッピーあるのかなあ。

思い出しますね。中央線沿線でホッピーマラソンをしていたころを。スタートしたときは2002年。それから翌年にかけては、都心部から多摩方面へとホッピー旅を続けたわけですが、ホッピーの飲める店を見つけるのに、ちょっと苦労したこともあった。

思い返すと、今ほどにホッピーを扱う店が多くなかったような気がします。というよりあのころからホッピーは急激に伸びて、かつての人気を遥かに上回る人気飲料になってきた気もする。だからでしょうか。最近では飲み屋街を歩いていてほんとうにたびたびホッピーの幟や提灯にめぐり合うのですが、中央線のころは、けっこう厳しかった。

そんなとき、どうしていたか。

そうです。ここならあるんじゃないかという店に当たりをつけたら、勇気を振り絞って店の戸を開けて声をかけてしまうんですね。つかぬことを伺いますが、って、アレです。

で、この店の前を二度三度と行き来するうちに、決心しました。アレをやろうと。

そして、店に入る。先客は女性のお客様がおひとり。店を切り盛りしているのは、若い男性だ。開口一番。

「あの、ホッピー、置いてますか？」

兄さん、ちょっとこっちを見て、

「はい！　ホッピーありますよ！」

元気よくお答えになった。ありましたねえ。ホッピー。こういうの、たまんないね。何がたまんないか。やったことない人にはわかるまい。威張る話じゃないんですが、あると嬉しいもんなんですよ、ホントに嬉しい。

5席ほどあるカウンターの椅子に腰をかけ、ホッピーを頼みます。串かつはまず、ササミとチーズ。二度付け禁止のソース缶が出てくるんですが、アタシはほれ、塩が好きですから、小皿にたっぷりの塩を盛って、串かつが揚がるのを待ちつつホッピーをぐびりとやる。

このお店は串かつの2号店だそうで、近くで炙り焼きの店と、串かつの1号店も営業している。2号店は取材時点では開店から半年経ったところという新しい店です。またまたラッキーですね。新しい店の若いスタッフに、初めて歩いた街で出会えるというのは！

軽い衣の串かつがうまい。ホッピーはスルスルと喉を過ぎていきます。ロースとエビの串かつを追加します。ホッピーをご存じないという先客の女性に、中身と外があって、割って飲むんですねえ、なんてことを言っていると、常連さんがいらっしゃってしばし歓談。小さな店のことですが、初めてのアタシのようなものにも、みなさん気軽に接してくださいます。

気持ちがいい。こういうのを、ちゃんとしたサービスってんじゃないのかな、なんか思いながら、ホッピーをぐいぐいとやります。エビもうまいね。これで１００円ってのはすごいよ。ほかにもシシトウとかハムカツとか、みんな１００円。ええ？　これで大丈夫なのとちょっと心配になるくらい安い。

早い時間、仕事帰りに立ち寄る人もあれば、遅くなってからふらりとやってくる人もいらっしゃるといいます。

あるといいなあ、こういう店が家の近くに。そういうことを思わせるお店ですね。今度はきっと、炙り焼きのほうのお店にもぜひお邪魔をしてみたい。そう心に決めまして、代田橋のご機嫌な１軒をあとにしたのでした。

代田橋：串かつ　ここから　２号店
世田谷区大原２〜26〜５　電話なし
17：00〜翌３：00（２：00Ｌ.Ｏ.）　日曜休

笹塚は、本の雑誌社面々と「イエーイ！」

やって参りました、ホッピーマラソン。とうとう渋谷区に突入です。笹塚ってのは、渋谷区にあるんですね。駅から北のほうへツツーッと行くと中野区に入るらしいんですが、このたびお邪魔したお店は、中野区までいかない。渋谷区のはずれあたりにある。

昔ながらのにぎわいを見せる十号通り商店街をふらふら歩き、ちょっとクランク状になったところなど通り過ぎていくと、右手に薬局があって、左には細い道への曲がり角がある。ここを何の気なしに見たところ、1軒の店を発見しました。

「男の台所　おやじ」。女子供が容易に入れないネーミングだ。

大きくはないが渋い構えの店で、2階もある。そして、あははは、ホッピーもある。店の前に立って1秒もしないうちに、こちらにお邪魔しようって決めました。

この日は、本の雑誌社の炎の営業Sさん（イニシャルにする必要もないような気がしますが）にHさん（発行人のHさんではなく女性のHさん）が同行してくださいます。にぎやかで楽しいや。

おふたりはビール。アタシゃ最初からホッピーを頼む。つまみには、油揚げの挟み焼き、ホッケ、肉豆腐などを注文。

カンパーイ！　と盛大に声を上げて、アタシはそそくさと席を立つ。店の大将にご挨拶するためです。

例によって酒つま社発行の単行本版ホッピーマラソンをご主人にお渡しし、企画をご説明申し上げる。ここまで来ると慣れたもので、ものの1分とかからない。

さて、ご主人、どんな反応を示されるか。しばし待つのですが、ご主人は手に取った本をパラパラとめくり始め、やがてひと言。

「こんなバカバカしい本は見たことねえ」

ありがとうございます。ほんの一瞥でわれらが志を見事に言い当てる眼力、恐れ入りました。

ああ、気分がいいよ。ホッピーがうまい。

Sさんは仕事以外では普段は酒を飲まないといいますが、一方のHさんは毎晩飲むとのこと。どうにも男女が逆じゃねえかと思うわけですが、そんなことはどうでもいいんです。

ビール2本はたちまちなくなり、Hさんはレモンサワーかなにかに、素早く切り替える。アタシのほうは連日の深酒に加え、その日の午後も取材で焼酎を飲んでいましたので、1杯目のホッピーの段階で、実はちょっとばかり酔っている。このままハイペースで飲むと、けっこうへバるだろうなあ、なんか思いながらも、Hさんの気持ちのいい飲みっぷりに触発されて、ホッピーをキューーッとやる。

今日も元気だホッピーうまい。中身2杯目あたりでそういう調子になってきて、そこからは、いつものとおり、スイスイと酒を吸い込んでいく形になります。

調理場で酒肴をこしらえていたご主人がふらりと出てきて、アタシらのテーブルの横へ来る。

「肉豆腐ならさ、うな玉にしねえか。うまいよ」

はい、そうさせていただきます。独特の雰囲気をもったお方で、声をかけられると嫌とは言えない。それでいて、どこか飄々としていておもしろい。アタシはこのご主人のこと、すぐに好きになった。

出てきたうな玉がまたおいしくてね。ご主人によれば、刺身も抜群、料理はみな手作りで、冬場は鍋もいろいろ、ホッピーはもちろん、白も黒も用意しているとのことです。

そこへわれらが『酒とつまみ』編集人にして新生酒とつまみ社代表のWクンも合流。ほどなくして本の雑誌編集のMさんも合流。2階に席を移してさらににぎやかに飲みます。

この日は、本の雑誌社から出していただくアタシの単行本（この文庫が出ているころにはすでに店頭に並んでいるはずです、ぜひともよろしくお願いします）のゲラ刷を受け取り、タイトルの相談などもいたしましょうということになっていました。

そこで出たのは『今夜もイエーイ』って案。なんなんだろうねえ。カバーの写真はアタシの遺影だってんですよ。参ったねえ。これは断固反対せねばならないと思うんですが、飲んでる席というのはすべてのことにいい加減で（そんな席で打ちあわせをするなと言われればそれまでですが）、まあ、ダラダラと飲んでしまう。

そして話題は、この新しい単行本に収録した『酒とつまみ』写真担当のSさんとのバカ旅酒へと移っていきます。Sさんは地方の酒場で、踊り、歌う。その踊りにおける天性のステップなどについてご説明し、女性のいる場で飲むことをこよなく愛するSさんの特性などにも触れます。

「男だったら誰でも、少年の頃に、女性の胸はどんな感触がするかって想像するもんだけど、Sさんには未だに、そういう迫力があるんだねえ」

とアタシが言う。するとHさん間髪入れずに返した。

「握力!?」

違う。迫力です。握力ってあなた、そんな直截すぎます。だははは。

そんなこんなのお話で実に気分よく夜は更けて参りまして、いよいよお開き。みなさんで囲んでいただいたうえにホッピーマラソンの伴走もしていただきましたのに、なんとなんと、ご馳走になってしまいました。本の雑誌社様、ほんとうにかたじけのうございます。

帰りは京王線に乗り、途中でWクンと別れると、そこからはひとり。目の前の席が空いてそこへ座れば、もうぐっすりです。

ああ、いい酒だったなあ。ぼんやりした頭で考えつつ目を開けますと、駅の表示板には「京王多摩センター」とある。

ああ、多摩センターか。うん、多摩センターねえ、うんうん……、た、多摩センター!! 終点じゃねえの? と、思わずひとり突っ込みをし、電車を飛び降りるアタシなのでありました。

笹塚：男の台所 おやじ
渋谷区笹塚2〜12〜13 03・3376・6144
16：30〜23：00 定休日は「疲れたら休むぐらい」

幡ヶ谷で、民話の里妄想

笹塚を過ぎますと、京王線から京王新線に入り、電車も地下へ潜りますよ。ここから終点新宿までは残すところ3駅。いよいよ終盤のラストスパートをかける。

幡ヶ谷駅で地上へ出て、さて、南側か北側かと考えるのですが、ここもアテのない土地。しかも、急な雨に降られて、じっくり探している余裕がありません。

そこで、南側を歩き、とある路地を入りましたら、そこにあったのが**「もつ焼 てっ平」**さんという店。

びしょびしょの傘をたたみ、引き戸を開けると、そこがカウンターで、いちばん手前の席に座ります。もつ焼きに焼酎各種、マッコリなども置いている。ああ、いいなあ、マッコリ飲みてえって思いますが、まずはホッピー。セットで430円を頼みます。

中央線で高尾まで行って、高尾から京王線で帰ってくる。それを仙川までやった後でしばらく休憩しておりましたが、このたび残りの12駅、走らせていただくこととなりました。と、挨拶も手短にすませます。やさしいご主人で、まあ、ゆっくりやってくださいと、にこやかな笑顔が言っている。またもや、居心地のいいお店に巡りあえたようです。

ホッピーマラソンでおまんまが食べられるわけでもないですから、普段はフリーの雑誌記者をしています。なんてことを言っていると、カウンターにいた女性のお客さんから、いろんなところへ行ってらっしゃるんでしょうね、なんて声をかけていただいた。

外は雨。どしゃぶりの雨。カウンターにはアタシとその女性だけだ。初めての店ということもあり、ちょっとした旅情を感じるなんていうと大袈裟ですが、でもね、ほんとうにひとりでふらりと酒場に入ると、そんな気分になることもしばしばです。いいもんですよ。

その方は東北地方のご出身だそうで、海の幸に恵まれ、温泉もわく土地のことを、ポツリポツリと話してくれます。

アタシは、つまみに頼んだナンコツの辛味噌（これがホッピーに合います）を口に運びながら、春の東北のことをぼんやりと想像したりしている。

こんなとき、ふと思い出すのは、はるか昔に行った小さな町のことだったりします。

岩手の遠野へ行ったのは、ある年の4月下旬のことでした。新幹線からローカル線に乗り換えて山里の景色を眺めたり、うつらうつらしているうちに、列車は遠野駅に着いた。

すると、雪が降っている。同じ列車から降りた老夫婦の奥さんが、

「あーた、雪よ、あーた、雪！」

なんて興奮している。夕方早い時刻のことで、宿に入るにはまだ時間があることから、アタシと同行のSさん（ああオレはいつもSさんと地方に行っていたのだ）とにかく寒さを紛らわせる1杯を求めて、駅の周辺を歩きました。そこで迷い込んだのが遠野銀座（たしか遠野銀座だったと思います）という通りだ。

中に1軒だけ店を開けているところがあり、さっそくそこのカウンターで燗酒を頼めば、店のお母さん、焼酎に燗をしようとして、いけねえ、間違った、なんてやってる。

聞かれるともなしにその晩の宿のことなど話すと、あそこは夜はな～んもすること

ねえから、晩飯済んだらもう1回遊びに来いという。昨晩なんか、ひどい盛り上がりで、女は胸をはだけちまうわ、男は一物出すわで大騒ぎだった、なんか言う。

そういうことならオレも得意だ、というのはSさん。居合わせた初老の男性客もにやりとわらって、いきなりがっちり握手している。

民話の里でのことです。この店自体が民話なんじゃねえかなんて勘ぐったものですが、幡ヶ谷の店でどしゃぶりの雨音を聞きながら遠野を思えば、この店で女性のお客さんとふたりして静かに飲んでいる構図自体も民話めいてきます。

遠野の民話にこんなのがありました。通りかかった旅人にうら若き美女が声をかける。風呂入っていかねえか。凍えた旅人は感激して風呂を借り、いつしか眠ってしまう。そして、目が覚めるとそこは肥溜め。女は狐だったか狸だったか。そんな話。

そんなことを思い出しつつホッピーをお代わりし、ホイル焼きにしたにんにく鍋も注文。これがまたホッピーによく合って、ジョッキのホッピーはぐんぐん減っていく。

この店も、この女性も、気がついたらみんな幻で、オレはどしゃぶりの路地にびしょ濡れで寝入っている……。そんなことを空想しながら飲んでいるから、酔っ払いというのは、実は何を考えてんだか知れたもんじゃないですね。

まあ、アタシの場合は、日頃の深酒で頭が酒でひたひたになってるんでしょう。そういや、新潟の村上には、鮭の酒浸しっていうたいそううまい酒肴があったけれど、アタシの場合はバカの酒浸りってところか。あれれ、これも昔、どっかで飲んでいて思ったことだったなあ……。

そうこうしているうちに、酔いはふわりと全身を包んで、気持ちがほぐれてくる。少しくらい濡れてもいいか、という気分になってくる。

また、必ず来ます。今度はもっとゆっくり。実はまだ、マラソンの先を急がねばならないものですから。

そんな挨拶を交わし、まだ乾かぬ傘を再び開いて、降りしきる幡ヶ谷の町へと出て行く。さあ、残すはあと2駅。今夜のうちに初台まで走っておくぞー！

幡ヶ谷：もつ焼　てっ平
渋谷区幡ヶ谷1〜33〜6　ビューハイム幡ヶ谷　03・3481・0039
17：00〜23：00（L.O.）日祝休

初台で、ほろほろとつまみセットとともに

とまあ、勢いはよかったものの、初台はまた、けっこう難しかった。新国立劇場のある方面へ出て歩きますが、ホッピーの飲めそうな店が見つからない。駅から地上へ出たところには立ち食い蕎麦屋があって、ここは若い頃営業マンしていたときからの

馴染み。うまいんです。

という話はともかく、今度は甲州街道を渡って、駅の南側を探索してみる。こちらのほうが飲食店は多いようで、実に渋い飲み屋さんも見つけたのですが、のれんの間から店内を覗き、壁の品書きの酒のコーナーを見れば、そこにホッピーの4文字はない。

そこで、駅南側の遊歩道というか、自転車置き場なんかも設置されているところを、幡ヶ谷方面へ戻っていくのですが、どんどんと灯りは乏しくなって、いよいよ心もとない。

もう一度、甲州街道の北側へ回ってみるか。そう思って、先に見えてきた歩道橋を目指して歩きながら、ふと、甲州街道の向こう側に目をやると、あああああ、あったー。なんの店かは定かでないが、店の前に赤い提灯。そこに4文字書いてある。最後の一文字は音引きに見える。アタシは早めの老眼がきて近いところは苦労しますが、遠目はきく。そこで確信しました。あれは、間違いない。幸せの黄色いハンカチならぬ、ホッピーの赤い提灯であると。

お店は**「桔梗」**というラーメン店でした。倍賞千恵子さんはいなかったけれど、ホッピーはあった。

さっそくセットを頼み、つまみには、そら豆とつまみセットを注文します。

木製のカウンターに、木のテーブルが4卓。テレビもある。早い時刻からここで飲みながらプロ野球を見るのもいいなあなどと思います。アタシはこういう店でダラダラと飲み、締めのラーメンを食べるのを忘れて帰ってしまう成り行きがけっこう好きで、ラーメン店でボンヤリ過ごす時間が長い人全国大会とかあったら、割りに上位に食い込む自信もあります。

ンなこたあどうでもいいのですが、まずはホッピーをぐびり。そら豆はたっぷり盛られていて、しかも熱々だ。嬉しいねえ。両手にひとつずつ持って、次々に食べる。旬の枝豆を出されたときもこんな感じ。アタシャ豆が大好きなんだねえ。

つまみセットもよかった。ほろほろと口の中でほどけていくおいしいチャーシューが、もやしの上に盛られていて、半熟のたまごとメンマも添えてある。これで十分。しっかり飲めるというものです。

店には、若い男性客がぞろぞろと来て、ラーメンを食べて帰り、その後しばらくひとりで飲んでいると、今度はお勤め帰りか、飲むのを目的に訪れるサラリーマンの方々もいらっしゃった。

こういう店で軽く飲んで、遅くならないうちに電車に乗って帰る。そんなきれいな飲み方というのは、うまくて、懐にもやさしくて、一種の理想のような気もしますね。

大酒飲んで大枚はたいて、疲れきって帰宅するより、よほど穏やかで大人な楽しみかただとも思う。アタシもそろそろ、そういう渋いオヤジにならねばいかん、とひとりカウンターで力むのです。

つまみにしたいものは他にもあって、たとえばピリ辛ネギ塩チャーシューなんて、ひどく惹かれるし、ギョウザは茹でも焼きもあって、5個で380円と格安です。魅力的ですねえ。

お店はもう7、8年になるとのことですが、新宿にあるチェーン店でホッピーを出したところ、評判がよかったので、この初台のお店にも用意するようになったとのことです。

嬉しいじゃないですか。ラーメン店でホッピーを飲める。京王線ホッピーマラソンでは、めじろ台と柴崎でも、いわゆる町の中華屋さん風の店でホッピーを楽しんで参りましたが、ここ初台の「桔梗」さんも、アタシの記憶に深く残るお店となったのです。

最初のホッピーは、中身2杯で外1本。2回目のセットでも、中身2杯で外1本。アタシとしては薄めにつくるホッピーでしたが、この日2軒目ということもあり、そこそこ酔っ払ってしまいました。

ああ、締めのラーメンが、また、食べられない。メニューをしばし眺めながら残念な気分でいっぱいになります。メニューを見れば、こちらの名物は「ざるラーメン」であるようです。いかにもうまそうな写真が掲載されているのですが、仕方がない。今夜は諦めるとして、今度はラーメンをメインに訪れようと決心した次第です。

店を出て、甲州街道沿いを初台駅へ向かって歩きます。とうとう来ましたね。もうここからなら、歩いても新宿へ行ける。

あとひと駅。あとひと駅で、この苦行は終わるのだ。千歳烏山からの最後の区間もけっこうヘビーでしたから、そろそろ飲み疲れもしています。ラストスパートなんてできる状態じゃない。でも、あとひと駅と思えば、不思議に力が出てくるもの。さて、最後の新宿では、どの店でホッピーを飲もうか。頭の中はすでに、ゴール地点新宿の盛り場が占めているのでした。

初台：桔梗
渋谷区本町1〜10〜1　北井ビル1階　03・3370・1626
11：00〜翌5：00　無休

ゴールの新宿は、おなじみの……

マラソンは40キロを過ぎ、いよいよ競技場へさしかかります。アタシゃもうヘロヘ

その当時と今とで、店の印象は少し変わった気がします。しかし、ここで飲み、酔ってにぎやかに喋る人々の姿は、少しも変わっていないように思える。ホッピーマラソンの最終回で、ひとりホッピーを飲みながら、そういうことを思います。

2年ほど前には、高校時代のサッカー部の仲間が5人ほど集って、ここで大いに飲みました。一流企業の社員が2人に、お医者さんになったのが2人。みんな偉くなったけれど、ちっとも変わってなかったなあ……。そのときの光景がすぐに蘇ってきます。

アタシらが通った高校は多摩地域にある都立高校でしたが、同じ学年でサッカー部に入ってきた連中のほとんどが、中学時代にもサッカーに打ち込んできた人たちで、中学3年まで野球三昧だったアタシは、付いていくのがほんとうにたいへんだった。運動には自信をもっていましたが、今思い返しても、サッカー部では周りのみんなに謝ってばかりいたような気がします。それでも3年生のときに先発で出場させてもらえたのは、当時の顧問の先生のお情けでしょう。

そんな話をしていると、当時キャプテンだった友人が、

「お前、高校デビューのわりに頑張ってたよな」

なんて言ってくれる。医者になったうちのひとりも主力選手でしたが、彼も同様に、

「うん、よくやってた」

なんか言うじゃありませんか。

おいおい、そういう話は現役のときにしてくれよな……。

でも、ありがたいよな。昔の仲間が集ってにぎやかに飲むには、こういうお店がうってつけだぜ。気取った店で仕事の話なんかするやつぁ、アホだ。

思い出しながら、また、あの連中と飲みたいなあと思い始める。みんな40代半ば。仕事も家庭もいちばん忙しい時期だ。お互いがんばろうや。景気も悪いけれど、いろいろたいへんだけど、頑張ろうや。今度はオレにも、少しは力になれることがあるかもしれないよ。また、飲もう。この店でどうだ？

酔った頭の中には、古い仲間たちへの言葉が次々に出てきます。「お前は尿酸値高えんだからビール飲まずにホッピーにしておけよ」なんて言う、医者の友人の茶化しも聞こえてくる。はいはい、そうします。言われなくてもホッピーにします。あ、でもねえ、尿酸値、下がったんだよな。だから、ビールもばんばん飲んでるよ……。

思い出を肴にひとり飲むホッピーの味はまた格別です。思わずにやけていたのかもしれません。いきなり後ろから両肩に手を置かれて振り向くと、見知らぬ男性がにこやかに笑っています。

「オータケさんでしょ」

「へ？」

「『酒とつまみ』、いつも読んでますよ」

「あ、それはどうも、ほんとうにありがとうございます」

これ、ウソのような本当の話です。いい店ってのは、お客さんがあったけえんだなと、つくづく思います。

アタシは、残りのホッピーを一気に飲み干して店を出ます。

終わりました。これでゴール。路地へ出て、店を振り返り、タバコに火をつける。

ああ、もう、マラソンはいいよ。腹いっぱい飲んだよ。これで引退ですよ、ほんとうに。そんなことを呟くともなく、ふらりと歩き始めます。さあて、完走記念に、どっかでもう1杯やってくかー！

新宿：鳥園　37頁参照

完

文庫版あとがき

えー、ホッピーマラソン文庫版、いかがでしたでしょうか。

単行本での最終駅は京王線仙川駅でしたので、このたびは、千歳烏山駅からスタートして、終点新宿駅まで走ってまいりました。

全部で12の駅がある。大したこたァないと軽くみていたのですが、やってみると、けっこうきつかった。

なぜって、いい店が多いから、どうしたって腰を落ち着けて飲みたくなるし、仮に一軒の滞在を短めにしても、ホッピーばかりを飲むハシゴをすれば、けっこうな量の焼酎を摂取することになります。だからきつかった。でも楽しかった。やっぱり、楽しいんですね。

世田谷区、杉並区、もう1回世田谷区、そして渋谷区、新宿区と渡り歩いてくるわけですが、調布、府中、八王子といったエリアと違って、このあたり、昔ながらの閑静な住宅地や商店街が残っている。それが嬉しい。

ツンとすました上流階級ばかりが住んでるものと多摩っ子の私が勝手に思い込んでいた世田谷区でも、小ぢんまりとした温かい店に何軒も出合いました。これも、ホッピーだけを求めて店を探すというアホ企画の偉大なる成果であると、これまた勝手に思っています。

文庫化にあたって、住所や電話番号などの店舗データを掲載することにし、単行本で紹介した各店に改めて確認を取らせていただきました。すると、文書はあて名不明で返送され、連絡もつかないお店や、閉店が確認できたお店が、何軒かありました。

今でもはっきりと覚えているお店ばかり。残念でなりませんが、楽しく飲ませていただいたひとときの記念に、取材時の記事をそのままに再録させていただきます。営業形態が変わったお店も同様に、記事としては取材時のものを再録しています。

また、文書は届いているが連絡がうまく取れないお店には直接出向きました。そうして、3、4年ぶりに訪ねた同じ場所で、今も変わらず営業をされていることを発見する。これもまた、大きな喜びでした。

当然、入店します。ご挨拶もしますが、それより何より、懐かしくて酒が進む。

「ああ、あのホッピー本の人ね。変わりない？」

「今度、あの本、文庫になるんです」

「やったね、おめでとう。金持ちになれる」

「そうもいかないんですよ」

「いや、きっと売れる」

こんな会話を交わしながら、ホッピーを飲む。ありがてえ、ありがてえ、と思いながら飲む。だから私の酒量はちっとも減らない。

でも、これでホッピーマラソンは完結です。改めまして、各店のご主人、酒席をともにさせていただいた方々に御礼申し上げます。

最後に、文庫化にあたってご尽力いただき、途中、伴走もしてくださった筑摩書房のIさんに、感謝の意を表します。

みなさま、本当にありがとうございました。

平成21年6月9日

大竹聡

解説　次は東海道五十三次だ！

なぎら健壱

う〜む、なんともホッピーマラソンとは、〝凄い〟の一言である。〝見事〟と言い換えてもいい。つまり大竹聡氏は凄い、見事ということになる。しかしそこに〝偉い〟という言葉は見当たらない。周知のごとく、こんな飲み方をする人間に偉い奴はひとりもいない。しかし感心はする。

あたかも地方に伝承される奇祭を遠目に見て、「凄い！」「なんて命知らずなんだろう」と感心をする気持ちに似ている。凄いが、偉いとは思わないのである。いや、祭りは神事であるからして、たとえ危険を伴うような奇異な行為も、また違った解釈なのであろう。だが待てよ、このホッピーマラソンこそ、神がかりな行為なのかもしれない。

ホッピーが市民権を得て久しい。かつてホッピービアは、肉体を酷使して1日を終えた労働者の、自分から自分に贈るご褒美であった。そこに女子供が入る余地はなかった。ホッピーが置いてある居酒屋で女性の姿を見ることはまず稀だったし、親のスネをかじっているような若造が、恐れ多くも「ホッピー」と声を発することなど出来ようはずがなかった。

そうした労働者への禄を、たいした労働もしない大竹氏は自分へのご褒美と、また、は仕事の一環と言葉を偽り、胃袋へ流し込む。ホッピーマラソンという大義名分の下《もと》に！

あたしだってアルコールのマラソンぐらいしたことがある……いや、マラソンとはいくらなんでもおこがましい。ジョギングぐらいか……あるいはウォーキング程度か。『東京酒場漂流記』(ちくま文庫)を上梓するにあたって、1年間で巡った酒場は700軒を超す……こんなこと自慢げに言うってのが、酒飲みのいじましいとこですな。

ジョギングは自分の体力に合わせて走っていればいいし、またその日のコースの設定、ゴールは自分で決めればいい。マラソンはそうはいかない。この場合中央線32駅(第2部、第3部は京王線38駅)走破という、コース設定がなされている。しかもマラソンの場合に起きるランナーズ・ハイが、ホッピーマラソンでは各ポイントで起きるということになる。最初は苦しいのに、だんだん気分が高揚してくるランナーズ・ハイ。脳下垂体から脳内麻薬の一種である、エンドルフィンという物質が出るからという。しかしホッピーマラソンにおいては、エンドルフィンの分泌を待たずしてハイになれるという、ありがたい現象が起こる。

もっとも、今のホッピーは優しい。あたしがホッピーを知った35年以上前は、もっとキツイ飲み物だった。いや、本文にあるように、ノンアルコールのホッピー自体がキツイわけではない。そこに入れる焼酎（甲類）の割合である。今は多くの店がジョッキに氷を入れ、焼酎、ホッピーを注ぎ足すが、ホッピーは本来氷を入れない飲み物だった。氷抜きで、キンキン（別名・チンカチンカ）に冷やした焼酎とホッピーを注ぐ。今はホッピーのビンの中身を2、3度に分けて使うが、昔は違う。まずはコップ1杯分ほどの焼酎をジョッキに注ぎ、ホッピーで割るとジョッキがいっぱいになる。ビンの中にはホッピーが少ししか残らなかった。それと同じ量の焼酎に氷を入れるとすると、ジョッキに約3杯分のホッピービアが作れる。これが今の飲み方である。つまり昔は今より焼酎の濃さが3倍あったというわけである。

往時、ちょっと酒の強いオヤジが、あるいは金のないオヤジが1ビンのホッピーを分けて使うようになった。ホッピー1ビン分で、ホッピービア2杯分を飲もうというわけである。豪気なヤツは、最初から中身（焼酎）を倍の量入れていた。要するに氷が入っている、入っていないではなくて、ホッピービア自体が違うものになるってことですな。

そうそう、最近は焼酎のみを注文するとき、「中身ちょうだい」なんて言うが、これもすっかり定着してしまった。しかし昔は中身なんぞとは呼ばずに、「チュー」とか「白」って呼んでいた。

大竹氏は、そんなホッピーを背負って宿命がごとくに走り続ける。それを綴ったこの一冊には、悲壮と快楽が入り混じっている。それはあたかも、現《うつつ》と夢の狭間を行き交うようで、酒飲みにはよ〜く理解できる。やがて酒飲みは夢野久作の小説、『ドグラ・マグラ』の世界を髣髴《ほうふつ》とさせるような時間感覚のない世界に足を踏み入れることになる。

大竹聡よ、今は現の世界に戻って来ているのかもしれないが、淀むな、走りまくれ。ザトペックのように力強く、間寛平のごとく持久力をもって走りまくれ！　次に待っているのは、東海道五十三次だ！　いや、シルクロードだ！

酒精の神様、そんな大竹聡にどうか神のご加護を……。

本書は、２００６年７月、大竹編集企画事務所より刊行された『中央線で行く東京横断ホッピーマラソン』に、第３部（文庫版書き下ろし）を加えたものです。
■本書の第１部は『酒とつまみ』第１号（２００２年10月20日刊）から第４号（２００４年１月15日刊）まで連載された「中央線で行く東京横断ホッピーマラソン」に加筆修正したもの、第２部は単行本のための書き下ろしです。
■本書に掲載されているお店の営業状況や価格などの情報はすべて取材当時のものであり、現在と異なる場合があります。

大阪　下町酒場列伝　井上理津子

夏はビールに刺身。冬は焼酎お湯割りにおでん。呑ん兵衛たちの喧騒の中に、ホッとする瞬間を求めて、歩きまわって捜した個性的な店の数々。

カップ酒スタイル　いいざわ・たつや

カップ酒ブーム。銘柄ばかり語られるが、その最大の魅力は「カップ」＝手軽に飲める機動力なのだ！　愉しみ方のスタイルを提案する書き下ろし。

下町酒場巡礼　大川渉／平岡海人／宮前栄

木の丸いす、黒光りした柱や天井など、昔のままの裏町場末の居酒屋。魅力的な主人やおかみさんのいる個性ある酒場の探訪記録。（種村季弘）

下町酒場巡礼　もう一杯　大川渉／平岡海人／宮前栄

酒が好き、人が好き、そして町が好きな三人が探しあて、訪れた露地裏の酒場たち。旨くて安くて心地よく酔える店、四十二店。（出久根達郎）

がんがん焼肉　もりもりホルモン　今柊二

まずロースにカルビにタン。コブクロも追加ねー。煙もくもくの中あつあつの肉をほおばればパワー全開、鼻息ふんふん！　特別対談＝辛酸なめ子。

至福の本格焼酎　極楽の泡盛　山同敦子

本格焼酎ブームのさきがけとなった名著を、データを最新に改め、泡盛部門を追加。著者厳選の86蔵元、本格焼酎への愛情あふれる一冊。

立ち飲み屋　立ち飲み研究会

いまやすっかり定着した立ち飲みスタイル。昔ながらのオヤジワールドからお洒落なスタンディングまで。ブームのきっかけとなった名著。

決定版　日本酒がわかる本　蝶谷初男

うまい酒が飲みたい。そのためには酒を「見る目」を磨くこと！　読めば見分けられ、そして味わいも増す、日本酒党必携の一冊。推薦銘柄一覧付。

東京酒場漂流記　なぎら健壱

異色のフォーク・シンガーが達意の文章で綴るおかしくも哀しい酒場めぐり。薄暮の酒場に集う人々との無言の会話、酒、肴。（高田文夫）

下町小僧　なぎら健壱

下町生まれの異色のフォーク・シンガーが綴った昭和30年代の下町の小僧たち。縁日、夜店、紙芝居と、あのなつかしい世界再び。（鹿島茂）

東京の江戸を遊ぶ　なぎら健壱

江戸の残り香消えゆくばかりの現代・東京。異才なぎら健壱が、千社札貼り、猪牙舟、町めぐり等々、江戸の「遊び」に挑む！　（いとうせいこう）

酒場百選　浜田信郎

トロトロな金目煮付け、ヘルシーもつ焼き、熱々おでんに湯豆腐……。美味い肴に旨い酒。飲んで食べて語らえる、東京の名店ガイド。　（吉田類）

東京裏路地〈懐〉食紀行　ブラボー川上　藤木TDC

すいとん、ハムカツ、ホルモン、牛炊、腸詰……。いまも路地裏にある戦後「闇市」の残像を歩き、その混乱の中で育まれた庶民の味に出会う！

居酒屋礼讃　森下賢一

東京の居酒屋57店を紹介。文庫化にあたり著者が新たな店にも飲みに行き再取材。古代から現在までの世界の居酒屋文化も紹介。　（浜田信郎）

京都、オトナの修学旅行　赤瀬川原平　山下裕二

子ども時代の修学旅行では京都の面白さは分からない！　襖絵も仏像もお寺の造作もオトナだからこそ味わえるのだ。　（みうらじゅん）

温泉旅行記　嵐山光三郎

自称・温泉王が厳選した名湯・秘湯の数々。旅行ガイドブックとは違った嵐山流遊湯三昧紀行。気の持ちようで十分楽しめるのだ。　（安西水丸）

頬っぺた落とし　う、うまい！　嵐山光三郎

うまい料理には事情がある。不法侵入者のカレー、別れた妻の湯豆腐など20の料理にまつわる、ジワリと唾液あふれじんと胸に迫る物語。　（南伸坊）

寿司問答　江戸前の真髄　嵐山光三郎

江戸前寿司は前衛であり、アートである。値段と内容を吟味して選び抜いた16店の奇跡の逸品、その味と技術と心意気を紹介。　（坂崎重盛）

これで安心！　食べ方事典　阿部絢子

農薬が心配な野菜・果物、添加物や汚染の心配な肉・魚・加工品を自分の手で安全にする簡単な方法満載。保存法、選び方もわかる。一家に一冊！

小鉢の心意気　阿部なを

料理研究家・阿部なをの代表作。ひっそりと、心安らぐ存在である小鉢もののようにと願う著者の名随筆。季節の献立満載。　（高山なおみ）

阿房列車　—内田百閒集成1　内田百閒
「なんにも用事がないけれど、汽車に乗って大阪へ行って来ようと思う」。上質のユーモアに包まれた、紀行文学の傑作。（和田忠彦）

裸の大将一代記　小沢信男
「裸の大将」の愛称で人々から愛された山下清。昭和の時代をとてつもなく自由に生きた大放浪画家の実像に迫る渾身の評伝。（鶴見俊輔）

ぼくの浅草案内　小沢昭一
当代随一浅草通・小沢昭一による、浅草とその周辺の街案内。歴史と人情と芸能の匂い色濃く漂う街を限りない郷愁をこめて描く。（坪内祐三）

駅前旅館に泊まるローカル線の旅　大穂耕一郎
勝手気ままなブラリ旅。その土地の人情にふれ、生活を身近に感じさせてくれるのが駅前旅館。さあ、あなたもローカル線に乗って出かけよう！

駄菓子屋図鑑　奥成達・文　ながたはるみ・絵
寒天ゼリーをチュルッと吸い、ゴムとびの高さを競い、ベーゴマで火花散らしたあの頃の懐かしい駄菓子と遊びをぜんぶ再現。（出久根達郎）

百年の誤読　岡野宏文　豊﨑由美
ベストセラーは、誰もが面白いと思い、素晴らしいと思った本ばかりか？　二人の読書の鬼が検証した、ベストセラー百年史。（呉智英）

大正時代の身の上相談　カタログハウス編
他人の悩みはいつの世も蜜の味。大正時代の新聞紙上で129人が相談した、あきれた悩み、深刻な悩みが時代を映し出す。（小谷野敦）

小津安二郎の食卓　貴田庄
小津映画の真髄は食にあり。とんかつ、天ぷら、ラーメン、カレー……。小津は食を通して何を表現しようとしていたのか。

定食バンザイ！　今柊二
量たっぷりなのに爆安、やみつきになる味、栄養もグッド・バランスな定食をご紹介。あの名店の思い出からナイスな定食屋を発見する極意まで。

あぶく銭師たちよ！　佐野眞一
昭和末期、バブルに跳梁した怪しき人々。リクルートの江副浩正、地上げ屋の早坂太吉、〝大殺界〟の細木数子など6人の実像と錬金術に迫る！

タレント文化人筆刀両断！　佐高信

御用文化人、反動政治家、企業トップ等を〝人斬り佐高〟がメッタ斬り。文庫化に当たり安倍晋三、養老孟司等、最新の顔を増補。（岡留安則）

出版業界最底辺日記　塩山芳明　南陀楼綾繁編

エロ漫画界にその名を轟かす凶悪編集者の日記。手抜き漫画家、印刷所、大手の甘ちゃん編集者……に、下請けの意地で対抗する〝血闘〟録。（福田和也）

この国で女であるということ　島﨑今日子

桃井かおり、林真理子、大竹しのぶ、天海祐希、それに田岡由伎・重信メイなど、アエラ「現代の肖像」連載の人物ルポの決定版！（小倉千加子）

決定版　ルポライター事始　竹中労

えんぴつ無頼の浮草稼業！　紅灯の巷に沈潜し、アジアへと飛翔した著者のとことん自由にして過激な半生と行動の論理！（竹熊健太郎）

B級グルメ大当りガイド　田沢竜次

カレー、ラーメンからアンパンまで。元祖B級グルメライターが長年の経験と最新情報をもとにおすすめ店を伝授。居酒屋も駄菓子もあり。必携！

B級グルメ　この町が美味《うま》い！　田沢竜次

元祖B級グルメライターが、東京の町30ヵ所を中心に名古屋、那覇までうまい店をご案内。官庁街や下町～東京西部、観光名所も。絵＝桑田乃梨子

味覚日乗　辰巳芳子

春夏秋冬、季節ごとの恵み香り立つ料理歳時記。日々のあたりまえの食事を、自らの手で生み出す喜びと呼吸を、名文章で綴る。（藤田千恵子）

味覚旬月　辰巳芳子

料理研究家の母・辰巳浜子から受け継いだ教えと生命への深い洞察に基づいた「食」への提言を続ける著者がつづる、料理随筆。（藤田千恵子）

諸国空想料理店　高山なおみ

注目の料理人の処女エッセイ集。世界各地で出会った料理をもとに空想力を発揮して作ったレシピ。よしもとばなな氏も絶賛。（南椌椌）

書店風雲録　田口久美子

ベストセラーのように思想書を積み、書店界に旋風を起こした「池袋リブロ」と支持した時代の状況を現場からリアルに描き出す。（坪内祐三）

お茶のソムリエの日本茶教室　高宇政光

知らなかった日本茶がこんなにいっぱい?! さまざまな緑茶の、味、おいしい淹れ方選び方、楽しみ方を伝授する。日本茶力テストつき！

ROADSIDE JAPAN 珍日本紀行 東日本編　都築響一

秘宝館、意味不明の資料館、テーマパーク……。路傍の奇跡ともいうべき全国の珍スポットを走り抜ける旅のガイド、東日本編一七六物件。

ROADSIDE JAPAN 珍日本紀行 西日本編　都築響一

蝋人形館、怪しい宗教スポット、町おこしの苦肉の策が生んだ妙な博物館。日本の、本当の秘境は君のすぐそばにある！ 西日本編一六五物件。

辻静雄コレクション1　辻静雄

西洋の最も優れた食文化をわが国に伝え、多くの名料理人を育てた料理研究家の遺した〈美味探求〉の類稀な成果。精選し三冊に編む待望の集成。（大岡信）

辻静雄コレクション2　辻静雄

エスプリ溢れる極上の美食エッセイ「料理人の休日」、19世紀末前後に活躍した偉大な料理人の生涯を華麗に描く名篇「エスコフィエ」を収録。（丸谷才一）

辻静雄コレクション3　辻静雄

料亭「吉兆」主人・湯木貞一氏を案内してヨーロッパ最高の料理を味わう美食の旅の記録「ヨーロッパ一等旅行」と、「パリの料亭」を収録。（辻芳樹）

辻調が教える おいしさの公式 西洋料理　辻調理師専門学校編

ふだんの家庭料理にプロの料理人のエッセンスをほんの少し加えることで格段においしくなる！ そんな公式をお教えします。使えるレシピ満載！

辻調が教える おいしさの公式 洋菓子　辻調理師専門学校編

家庭でも簡単に本格的な洋菓子がつくれます。プロの料理人がこだわりの技とコツを披露。優雅なひときを楽しむためのレシピ満載！

不良のための読書術　永江朗

洪水のように本が溢れ返る時代に「マジメなよいこ」では面白い本にめぐり会えない。本の成立、流通にまで遡り伝授する、不良のための読書術。

アジア おいしい話　平松洋子

食卓で舌鼓をうつ時、その向こうにあるおいしさの秘密を知りたくなる。アジアを旅して台所や厨房で教わった、おいしさのコツ。（酒井順子）

ちくま文庫

中央線《ちゅうおうせん》で行《い》く東京横断《とうきょうおうだん》ホッピーマラソン

二〇〇九年八月十日　第一刷発行

著　者　大竹聡（おおたけ・さとし）
発行者　菊池明郎
発行所　株式会社　筑摩書房
東京都台東区蔵前二—五—三　〒一一一—八七五五
振替〇〇一六〇—八—四一二三
装幀者　安野光雅
印刷所　明和印刷株式会社
製本所　株式会社積信堂

乱丁・落丁本の場合は、左記宛に御送付下さい。
送料小社負担でお取り替えいたします。
ご注文・お問い合わせも左記へお願いします。
筑摩書房サービスセンター
埼玉県さいたま市北区櫛引町二—六〇四　〒三三一—八五〇七
電話番号　〇四八—六五一—〇〇五三

ISBN978-4-480-42627-7 C0195